地域学

十一巻

弘前学院大学地域総合文化研究所 編

序 ―『地域学』続刊にあたって―

地域総合文化研究所所長　畠山　篤

地域の学問、文化への寄与　大学の使命ならびに本学院の地域総合研究所の使命について、弘前学院理事長・阿保邦弘先生が『地域学』創刊号（二〇〇二年九月）において次のように簡要に述べている。

大学の果たす役割は教育と研究であり、その研究は国内ばかりでなく、国際的な水準の評価に耐えるものであるべきだ、と考えております。本学院の地域総合文化研究所は、一九八三年（昭和五八）に設立されました。地域文化を調査し、その保存と振興のための施策を立てるのが、設立の主旨でした。本研究所が主催した講演会、研究会の内容を単に学内にとどめておかず、広く一般にも知って頂きたく、二〇〇一年度（平成一三）の事業の成果を中心として出版することに致しました。学内の研究成果が、国際的な水準に達し、地域の学問、文化に寄与することを念願しております。（中略）（弘前学院の）創立者・本多庸一が夢見たように世界的視野に立ちつつ地域社会に貢献することを掲げて地域とともに歩んでいる本学院の歴史は、当然のことながら地域を広く深く理解する視野を培ってきました。この本が世に出るのをきっかけにして学内外の研究者が結集し、地域の理解にむけてさらに前進し、『地域学』を着実に進展させることを願っております。

『地域学』十巻と別巻　この高らかな宣言のもと、笹森建英所長を先頭にして地域の学問・文化に寄与すべく活動してきた。その成果は『地域学』十巻と別巻一冊に結集され、地域研究の確かな地歩を得てきた。

ところが毎年刊行してきた『地域学』も、別巻（二〇一三年二月）を刊行してから一年間休む形になった。

『地域学』の続刊　二〇一四年度に所長が交替したのを機に、『地域学』続刊の機運が生じた。また本学の学長・吉岡利忠先生も、これまでの体制のもとでの仕事を継承することを強く望んでいた。そこでこの年度の仕事を『地域学』十一巻に結集し、世に問うことにした。

基本に立ち返る　何事も基《もとい》が肝要である。この場合、創刊号に述べられた基本こそが肝腎である。いつもこの創刊の基本精神に立ち返らなければならないだろう。

〔目　次〕

脱短命県

吉岡利忠

一　はじめに

我が国では本格的な長寿社会を目指して、一九七八（昭和五十三）年から「第一次国民健康づくり対策」が開始され、活力のある社会の構築を目標としてさまざまな健康づくりに関する事業が開始された。続いて十年後には「第二次国民健康づくり対策」が「アクティブ80ヘルスプラン」と銘を打ちさらに国民の健康づくりを推進してきた。その甲斐もあり国民の体力向上や疾病罹患率の低下、食生活の健全化が図られ、平均寿命の延伸につながった。

二十一世紀に入り、さらに質の高い健康づくりを目指し、二〇〇〇（平成十二）年に「健康日本21」の運動が開始された。すべての国民が健康で明るく元気に生活できる社会の実現を図るというものであった。これは生涯にわたる健康づくりに視点を入れたもので、単に生命の延びを目指すものではなく、国民一人ひとりが精神的にも身体的にも社会的にも満足し、いわゆる生活の質（ＱＯＬ）の向上を目指すものであった[5]。

「健康日本21」には①食生活・栄養、②身体活動・運動、③休養・こころの健康、④たばこ、⑤アルコール、⑥

歯の健康、⑦糖尿病、⑧循環器病、⑨がん、の八領域を掲げ、それぞれの領域には多くの項目をあげ十年後の目標数値を設定した。国からの要請を受け、各県の健康づくりを推進するために、例えば「健康あおもり21」など と設定し同じく八領域を設定し目標数値を決め十年後に達成するため各県で対応した。しかし、五年後の中間報告、十年後の結果において、多くの項目でその目標数値をクリアできなかった。その後、「健康日本21（第二次）」が発令され、それらとともに「健康あおもり21（第二次）」が現在進行中である。その間にメタボリックシンドローム（内臓脂肪）、そしてロコモーティブ（運動器）シンドロームという症候群名の対策が示された。健康あおもり21（第二次）は二〇一三（平成二十五年）度から二〇二二（平成三十四年）度までの十年間で、生活習慣の改善、生活習慣病の発症と重症化予防、こころの健康、を重点的取組として挙げている。[7,8,10]各取組の中には、栄養・食生活、身体活動・運動、飲酒、喫煙、歯・口腔の健康、がん、循環器疾患、糖尿病、ＣＯＰＤ（慢性閉塞性肺疾患）、こころの健康づくり、休養、認知症、の項目がありそれぞれに目標項目が設定されている。

すべて、国民、県民、市民、町民、村民の健康維持増進のためのプランであり、ひいては人々の平均寿命はもとより健康寿命の延伸に寄与する対策である。

二　青森県民の健康度

長年にわたり青森県民の平均寿命が男女とも全国最下位という不名誉な記録が続いている。対応が後手後手ということもあるが、ここにきて県民はその短命県からなんとしてでも脱出すべきという機運が高まってきている。弘前大学大学院医学研究科長である中路重之教授の掛け声で一層その気運が県民に拡大してきた。いわゆる、脱短命県、である。各報道メデア機関を巻き込み、企業、学校、公共施設などさまざまな分野でその機運が高まってきている。短命県返上！健康寿命と介護保険[12]、第一回平均寿命サミット[11]、健康プロジェクトの取り組み：青森県短命県の返上[4]、脱短命県返上！・青森県[9]、脱短命県[9]などなどと多くの講演、発表、シンポジウムが青森県内では開催された。

三　青森県と各県の寿命などの比較

ここでは、中路教授の許可を得て図表を引用する[4,9,11,12]。図1には昭和四十年から平成二十二年までの平均寿命都道府県ランキングが示されており、見事に青森県の男女とも最下位に位置している。長野県男性の推移を見ると昭和四十年には第九位であったが昭和六十年には第二位、そして平成十二年から現在まで第一位と急速に順位を上げている。女性の場合は少し異なるが平成二十二年で第一位と躍進している。それに比較し沖縄県男性の平均寿命は、昭和六十年で第一位、以降は第二十六位、第三十位と下降している。女性は第一位をキープしているもの平成二十二年では第三位に落ちている。諸般の事情により男性女性ともさらに下降するのではないかと中路教授は考察する[11,12]。

表1は、二〇一四（平成二十六）年十月十九日に青森市民ホールで開催された第二十三回青森県長寿研究会の資料から

図1　平均寿命都道府県ランキング（中路による）

平均寿命都道府県ランキング

男性

	昭和40	昭和60	平成12	平成17	平成22
1.		沖縄 76.3	長野 78.9	長野 79.8	長野 80.9
2.		長野 75.9			
3.					
	9. 長野 68.5		26. 沖縄 77.6	25. 沖縄 78.6	30. 沖縄 79.4
44.					
45.					
46.	青森 65.3				秋田 78.2
47.		青森 73.1	青森 75.7	青森 76.3	青森 77.3

女性

	昭和40	昭和60	平成12	平成17	平成22
1.		沖縄 83.7	沖縄 86.0	沖縄 86.9	長野 87.2
2.					
3.			長野 85.3		沖縄 87.0
	26. 長野 72.8				
44.	青森 71.8				
45.					
46.		青森 79.9			
47.			青森 83.7	青森 84.8	青森 85.3

表１　３県の年代別死亡率ランキング（中路による）

青森・長野・沖縄県の年代別死亡率ランキング

（人口10万人当たり、平成22年、男性）

	青森県		長野県		沖縄県	
	死亡率	順位	死亡率	順位	死亡率	順位
0〜9歳	45	38（低い方からの順）	35	21	42	22
10〜19	29	39	20	20	33	34
20〜29	82	37	72	28	61	17
30〜39	113	41	93	26	117	40
40〜49	**323**	**47**	**171**	**11**	**260**	**46**
50〜59	673	47	407	3	664	46
60〜69	1448	47	948	2	1196	33
70〜79	3716	47	2658	2	2808	11
80歳以上	11117	47	9719	3	9305	1

早死にの数だけ悲劇がある　　　　平成22年人口動態統計より

表２　青森県の平均寿命対策（中路による）

青森県の平均寿命対策

- “若死を減らす”＋“高齢者を元気で長生き”
- 生活習慣病対策＋自殺対策
- 生活習慣改善・健診受診・適切な病院受診・通院・治療が大切

↓ 問題はどう実現するか?
なぜ実現度で長野県に及ばないのか？

- 基本：正しい知識と考え方（健康教養＝ﾍﾙｽﾘﾃﾗｼｰ）＋意識
- 県（地域、職域、学校）を挙げ盛り上がり：職域・学校がキーワード
- 根の張ったもの：健康リーダー（保健協力員等）
- 自信を持つ：成功体験あり（塩分、喫煙、自殺→なんの悲劇もなくなしとげてきた）→必ずできる！

引用したものである。[12] 青森県、長野県、沖縄県の年代別死亡率であるが重要な内容を含んでいる。それぞれ各年代の死亡率およびその順位が示され、青森県の男性の場合は四十歳台から八十歳以上の死亡率が高く、当然であるが順位は最下位。すなわち中高年者、働き盛りの男性が多く亡くなっているというデータである。沖縄県も七十歳台を除いて同様である。七十歳台の男性は沖縄伝統の食生活の賜物かとも言えるが、四十歳台の男性が歳を重ねることで順位が下降することは目に見えていることである。両県と比較して長野県民はどうであろうか。中高年者の死亡率が極めて低いのである。当分、長野県の平均寿命に第一位は継続する。パラレルに健康寿命も第一位を維持することになろう。

四　青森県の平均寿命対策

青森県の保健医療福祉などに関係する白書から主な健康関連項目に注目し、長野県および沖縄県と比較すると、青森県において喫煙率、多量飲酒者率、肥満率、食塩摂取率、健診受診率、運動する人の割合などは、ことごとに低い。[11,12] 沖縄県では食塩摂取量は低いものの、他の項目では青森県とほぼ同様である。医師数や県民所得については他県と比較し三県とも上位にあるわけではないが、しかし、人口当たりの保健師数は長野県で上位である。長野県では、県民の健康状態や保健衛生状態を把握しながら各種相談に応じ的確に対応しているということが、県民の健康保持に効果を上げていることになろう。身近に専門職が活動しているのである。

青森県の平均寿命アップ、健康寿命延伸の対策としては、先ず第一に挙げなければならないものとして働き盛りの年代で、いわゆる若死をなくすることと高齢者を元気にするということであろう。もちろん、生活習慣病対策、自殺（自死）対策、隔たりのない食生活、減塩、多量飲酒、肥満、健診・検診受診率、保健師（健康リーダー、保健協力員など）、それにもまして小さいころからの健康教育（健康教養）が必要とされる。県民の健康についての知識、意識の向上も必要である。最近は、新聞、テレビ、ラジオ、その他の刊行物などによりこぞって県全体の盛り上がりを刺激し県民に意識向上が表れてきている。いみじくも中路教授は表2に示すように青森県としての重点的対策として明瞭にまとめており、モットーとして「人民の人民による人民のための健康」という（表2）。あるいは〝人民〟を〝県民〟と置き換えても良いかも知れない。

五　健康保持増進のための気構え

ここからは、常日頃、健康に関して考えていることをさまざまな機会に報告・講演をしている内容を示す。短命県返上のためには、前項で述べたように県民一人ひとりが心を一つにし、さまざまな分野で努力しなければならない。一筋縄では行かない問題である。

毎日の生活を充実し心豊かに過ごすこと。この聞き飽きたとも言えるフレーズには、短命県返上を可能にする方略がたくさん含まれているような気がする。それには、運動、休養、栄養といったシンプルな事柄である。何気ない日常の生活を少し深めて考えそして行動に移すことが重要であろうと思う。しかも長続きする。

身体活動は、運動と生活活動に分けられる。運動は、体力の維持・向上を目的として計画的・意図的に実施するものであるし、生活活動は、労働・家事・通勤・通学・趣味を行うなどの行為として表現されている。運動や生活活動のそれぞれに低強度、中等度、強強度を分けることができる。

たとえば中等度以上の運動には、速歩、ジョギング、テニス、水泳、スキー、ゴルフなどがあり、中等度以上の生活活動としては、歩行、床掃除、介護、庭仕事、雪かき、階段昇降などがある。また、低強度として運動ではストレッチング、ヨガなど、生活活動として事務仕事、洗濯、炊事、ピアノ演奏などがある。健康保持のためには、この運動および生活活動を含めた身体活動を積極的に毎日の生活に取り入れることは、とりもなおさず充実し心豊かに過ごせる一日一日を送ることができる。

一日にどのくらいの運動をこなせばよいか、消費するカロリーはどのくらいがよいか、一週間ではどのくらい体を動かせばよいかなど、それについての参考書、専門書、健康に関する書籍、テレビ、新聞、雑誌類は数多見受けられる。普段の生活において、自分から進んで能動的に身体活動を行うことが長続きする秘訣と言ってよいだろう。長寿までとはいかないまでも、体の健康、心の健康、それに少しばかりのお金、それらの頭文字はＫで、すなわち３Ｋとして把握してもよかろう。

図３にあるように、ここには八個の〃快〃がある。快食、快便、快眠は江戸時代から健康を示す標語である。食欲があり腹八分目の食事を摂り、定期的な排便があり、そしてよく眠れることは健康そのもの。養生訓を著した儒学者であり医学・民族・教育などに精通した貝原益軒の唱えた標語に、畏れ多いことではあるが、快談、を加えてみた。これは人と楽しく話しができること、コミュニケーションが取れることであり、社会では必要なこと。筆者が師事した阿部正和先生（東京慈恵会医科大学名誉教授・慈恵大学顧問）が「健康四快のすすめ」と標語したものである。[2]

さらに、腎臓病の大家で泌尿器科学の立場から、快尿、を加えた方がよいことになり、排尿に時間がかかったり勢いがなくなったり夜間何度も排尿に起きるのは、やはり健康とは言えないということである。もう少し欲を出して、快歩、快笑、快声、を加え、全部で「健康八快すすめ」ということで収まった。[2] ヒトは動物、動く物である。大昔は獲物を追って山野を駆け巡ることも生きるために必要なこと。文明の発達した現代社会における日常生活で

図３　“八快”のすすめ（阿部による）

八快のすすめ

快食　　快眠　　快便

快談
快尿
快歩
快笑
快声

は走る必要はない。さらには歩くこともままならなくなった。自分の体重を移動しながら歩くこと、これは地球重力に抗して自分の体の姿勢を保つことと同様に現代人には必要なことである。歩くこと、楽しく歩くこと、快く歩くことが怪我することも少なく、健康増進にはうってつけだ。歩行は、下肢筋肉、背骨の周囲にある筋肉を知らず知らずのうちに鍛錬していることになる。体重があるからこそ、それが負荷になり体を移動させるだけで筋肉の機能を向上させることになる。生体のあらゆる臓器や器官の機能を最善の状態に保つには、常に何がしからの負荷を与えておかなければならない。筋肉を収縮させたり弛緩させたりさせることで、筋肉内を通る血管の外側を圧迫したり弛めたり、いわゆるミルキングアクション（搾乳）作用で下肢に貯留する血液を心蔵へ心臓へと導いてくれる。すなわち下肢は第二の心臓といわれるゆえんである。

快笑と快声は、闘病している人の声は健康であった時の声と違うこともよく経験することであるし、病気からの快復で笑いも出てくるというのである。医療従事者でなくても私達がよく経験することである。

自分の健康は自分で守るとう心構えが、ひいては短命県返上につながるものであろう。ここに挙げた「八快のすすめ」は筆者のオリジナルではないが、極めて要を得たものである。もう一度素直に自身の体調や毎日の生活に照らし合わせ、気になるところがあるとすれば改善していくべきである。

六　快歩としてのウォーキング

運動は生体のあらゆる組織や臓器の機能をすべて動員して行われる。それだけに体全体が運動によって刺激されると言ってよいだろう。歩行も運動である。しかし、時間を争うとか距離を競うとかの競技ではない。歩行は身体活動の中の生活活動に分類されるが、ウォーキングとなると、その意味合いは少し異なり健康維持・増進を目的として扱われ、運動生理学的には有酸素運動としてかなり身体機能に向上のためには有効な運動である。

脱短命県を目指そうと青森県民そろってのキャッチコピー「今を変えれば!未来は変わる!!」の下に、県民一丸となりこれに取り組んでいる。[10] 前述したようにその機運が高まりつつありよい傾向だ。自治体、企業、メディア、学校、公共施設など積極的な対応を示している。さて、いわゆる行動変容することによって今の生活習慣を見直し健康的な毎日を送ることが最初であろう。

運動、休養、栄養、はその目標達成のための基本であり、その中での運動、特にウォーキングはもっとも効果的に働く。有酸素運動とは、体全体の筋肉群をリズミカルにかつ連続して伸ばしたり縮めたりする運動である。水泳、ジョギング、卓球などの運動も有酸素運動である。呼吸によって体に沢山の酸素を取り入れ筋肉を収縮するエネルギー（ＡＴＰ、アデノシン3リン酸）を作り出しながら行うものである。エネルギーは、三大栄養素である炭水化物（糖質）、脂肪、タンパク質が原料になるが、ほとんどが糖質（グリコーゲン）から産生される。長時間の有酸素運動では脂肪もその原料となる。おおよそ、15分から20分くらい運動をし続けると糖質から脂肪が消費され始める。タンパク質は体の構成成分であることから、エネルギーとしては特別な状態のみに用いられる。

有酸素があるからには無酸素運動もある。呼吸を止めてする運動、代表的な運動として重量挙げ、100メートルの短距離走などである。体の中にあるエネルギーを使って行う運動は短時間しか続かないし、俗に疲労物質といわれる乳酸などの蓄積もあり体が酸性に傾く。そのようなことから、健康維持・増進を目的とするには有酸素運動が推奨されるわけである。怪我もなく長く続けられる

表3　ウォーキング10の効果

ウォーキング「10の効果」

①心肺機能の向上
②肥満の防止とダイエット
③高血圧の予防
④善玉コレステロールを増やし、動脈硬化を予防する
⑤糖尿病の予防と治療
⑥免疫力を高める
⑦足腰を強化する
⑧骨を丈夫にする
⑨ストレスの解消
⑩心地よい安眠

運動、歩行が推奨されるが、この場合の歩行はブラブラ歩くことではなく、積極的に能動的に体全体を使っての歩行、すなわちウォーキングである。

表3にはウォーキングの十個の効果が示されている。この十項目を反芻しながらウォーキングも楽しい。これらの他に、肥満を予防する、脳の働きを盛んにする、心臓・循環器の機能を高める、肺での酸素や炭酸ガスのやりとりを円滑にする、お腹の調子を整える、血管の老化を防いで柔らかい血管にする、膝や関節を動きやすいようにする、骨や筋肉を強化する、気分を転換しストレスをなくする、そして姿勢をよくする、などがある。良いことづくめである。正しいウォーキングのフォームは、つま先で地面けりかかとから着地しやや広い歩幅で歩き、腕を振り子のように前後に振り、顎を引いて背筋を伸ばして歩くのがよいとされている。

健康維持・増進のためには、ウォーキングでも水泳でもジョギングでも、やはり均整のとれた運動（Well-rounded exercise）が必要で、図4に示した。図中の三つが互いにつながりあって行う（三つ巴）運動を常に念頭において行うべきであろう。

図4　均整のとれた運動

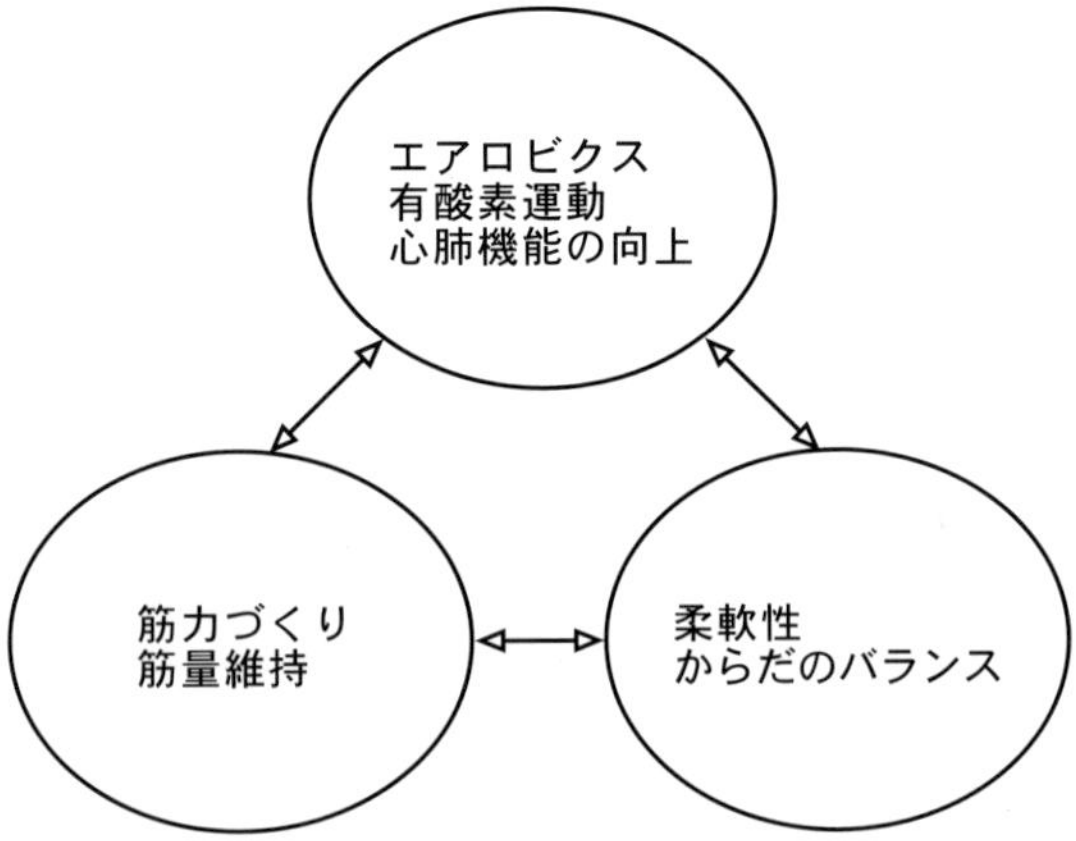

Well-rounded exercise
（均整のとれた運動）

参考文献

1　中野昭一　Fitness for Middle & Older Adults　中高年の体力つくり、体力つくりシリーズ二、（財）健康・体力づくり事業団、四－四六、一九八七（昭和六十二）年十月

2　阿部正和　健康シリーズ（1）～（5）日本は世界一の長寿国、水交、一九八八（昭和六十三）年五月～十月

3　青木純一郎　歩く、歩くとき、歩けば、ウォーキング健康法、ナガセ出版、一九九四（平成六）年三月、第一版

4　中路重之　Dr中路の健康医学講座、寿命を読み解けば健康が見えてくる、弘前大学出版会、二〇〇七（平成十九）年十月

5　精神保健学、改訂第三版、第五章、二四四－二八〇、ヘルス出版、二〇〇八（平成二十）年一月二十五日

6　青森県健康増進計画「健康あおもり21」最終評価報告書、平成二十四年六月

7　健康づくりに関する取組実績について「青森県県庁」、平成二十五年度

8　健康づくりに関する取組予定について「青森県県庁」、平成二十五年度

9　中路重之　Dr中路が語る　あおもり県民の健康、東奥日報社、二〇一三（平成二十五）年七月十三日

10　青森県基本計画「未来を変える挑戦－強みをとことん、課題をチャンスに－」、平成二十六年度

11　第一回平均寿命サミット後抄録集、弘前大学大学院医学研究科社会医学講座、平成二十六年三月三十一日

12　第二三回青森県長寿研究会資料、「短命県返上！・健康寿命と介護保険」、平成二十六年十月十九日

中学生が高齢者世帯の除雪ボランティアを経験することで得られる多面的効果

―山形県尾花沢市立尾花沢中学校における雪かき塾の取り組みを事例に―

高橋和幸

一　はじめに

山形県尾花沢市では雪室を活用した市役所庁舎の冷房システムをはじめ、「安全安心な暮らし確保のための克雪体制推進調査事業」による克雪・利雪の先駆的な取り組みが行われ、国土交通省のホームページ[1]等でも紹介されている。

その中でも、共助の除雪の取り組み[2]は、住民が一斉に除雪することで効率化を図ること、高齢化と共に高齢者自らが除雪作業をせざるを得ない状況の中で事故防止や怪我をしてしまった人を早く見つけ救助することに繋がると期待されている。また、積雪の少ない地域から同市に来訪したボランティアと地元住民が安全な除雪方法について一緒に学ぶ機会を作ることや、中学生の雪かき塾と題して安全な除雪作業の仕方を教え実地体験（除雪ボランティア）してもらうといった機会を創出し啓発活動も行っている。もろちん、こうした普及啓発活動時には指導者役を務める住民の協力、訪問先となる要援護世帯等を把握し積雪量を勘案してどのタイミングでボランティアに除雪してもらうべきか調査し、必要な道具の調達、現地までの移動手段の確保等の様々な協力をもらうための連絡調整が必要になる。このような公私協働の気運の高まりを後押しするため市社協内に尾花沢市除雪ボランティアセンターを設置し、連絡調整を行っている。

筆者は、除雪ボランティア活動によって冬期の住民交流が地域の活性化に繋げられないかという観点から、尾花沢市共助の除雪の取り組みについての調査を二〇一三年七月より断続的に行っている。一連の調査活動の中で尾花沢中学校で行われた雪かき塾にも参加し、その活動効果に関する検討を行う機会を得た。

二　調査研究の視点および方法

中学生がボランティア活動をすることによって得られる効果についていくつか先行研究がある。たとえば、教育学の福島慎治(3)は埼玉県内15校の中学2年生（539人）へのアンケートで、ボランティア活動をして良かったという回答が94％に達し、満足感が得られた理由について複数回答であるが、相手に喜んでもらえた（65．1％）、自分のためになった（44．4％）、楽しかった（20．6％）、みんなにほめてもらった（6．5％）という結果を報告している。

くわえて、学校外での体験学習の効果について、たとえば教育学の玉井康之(4)によると、好奇心の向上、観察力、忍耐力、集中力、社会性、奉仕能力、責任感、体力、手先能力、コミュニケーション能力、正義感、倫理観、思いやりの精神、順応力、協調性、信頼感、行動力、直観的判断力、達成志向力、達成感、昇華、自己満足感、自己肯定感等が、体験学習で期待される抽象的ではあるが能力形成であると指摘している。

ところで、中学生の除雪ボランティア活動の効果についての研究成果はほとんどなく、実施した学校単位で、あるいは支援団体の市町村社協レベルで参加者の感想を聞き取り掲載して広報に用いている程度である。そこで、中学生の除雪ボランティア活動の効果について調べる必要性を感じた。

調査対象とした尾花沢中学校の雪かき塾（二〇一四年一月二十四日実施）は単なる除雪ボランティア体験だけでなく、安全な除雪方法を指導者（建設業組合会員等）から習い、現地までは市社協等の公用車で送迎してもらう等の公私協働によって実現している。たとえば、指導者が同行することで、①除雪開始前後に訪問先の高齢者と交流する際の仲介、②作業目標の確認（どの場所の雪をどのくらいまで片づけるか）、③安全確認（屋根雪の落雪の危険、流雪溝や水路の蓋の開閉状況確認）を行い、効率的な作業が可能になる。また、これらの手順を指導者から教わりながら生徒が一緒に行うことにより、安全に除雪をするための知識と技術を身に付けていくことができると期待されている。なお、こうした安全講習の要素を取り入れ学区内の要援護世帯に広範囲に分散して訪問できる形をとれたのは昨年度からである。それ以前の四年間は中学校から歩いて行ける範囲内にある要援護世帯のみに除雪ボランティアをしていた。

そこで、こうした地域の様々な支援を受けて大掛かりな活動ができるということに対し、参加した中学生がどの程度実感が湧いたか、この点にも着目する必要があるものと考えた。また、二〇一四年一月二十四日の雪かき塾では山形大学、弘前学院大学の学生11人も参加し一緒に活動したことから、大学生との交流の印

表１　2014年１月24日実施　雪かき塾のプログラム

指導者打合せ会 12:30～13:20	・建設業協会（10人）、宮沢雪プロジェクト（３人）、山形県（６人）、尾花沢市（６人）、市社協（２人）、市民雪研究会（１人）、山形大学生（８人）、弘前学院大学生（４人）、引率教員（１人）
開校式 13:30～14:00	・学校長挨拶、来賓挨拶（市長・教育長）、来賓紹介（市社協会長、県村山総合支庁地域振興監、市建設業協会長、宮沢雪プロジェクト会長）
安全宣言	・中学生代表による除雪事後防止の安全宣言（図１にて紹介）
交　　流	・大学生の自己紹介、中学生から各大学への質問（進路相談含む）と返答を通じた交流タイム
雪かき体操	・DVDに合わせて準備体操
現地活動 14:00～15:30	・社協、行政の公用車に分乗して移動。13軒を対象に（13班に分かれて）除雪ボランティアを実施。各班に大学生も入る。
閉校式 16:00～16:25	・生徒代表のお礼の言葉、雪かき塾の講評（参加した大学教員より）、感想を含む意見交換（中学生から各大学生へ質疑応答の形式にて）、閉会のあいさつ
記念撮影	・除雪ボランティアのキャラクター入りタオルを謝品にもらって

象も影響するものと考えた。二〇一四年一月二十四日実施、雪かき塾の内容は表1及び図1のとおりである。

図1　雪かき塾の開校式で読み上げられた、市民向け啓発のための「安全宣言」

わたくしたちは、日本三雪の一つといわれる尾花沢市に住み、住民は誰でも、もっと安全で快適な暮らしを求めています。

まず安全の確保が第一です。それには、雪のために起こりやすい危険について、よく理解し、安全確保の方法を、しっかり身につけることです。

最近、高齢化がすすみ、年寄りの事故が増えているので、わたくしたち若者への、事故防止の期待も大きくなってきました。

わたくしたちは、その期待にこたえ、まず国々の安全な生活についてよく学び、さらには、雪をエネルギーや資源として活用し、雪国尾花沢市の、さらに快適な冬の暮らしの実現をめざして、みんな力を合わせ、たゆまず努力することを、ここに宣言いたします。

考案：尾花沢市民雪研究会

調査対象は以下のとおりである。尾花沢中学校では平成二十一年度より毎年二年生の冬期の総合学習の時間に雪かき塾を開催しており、活動後に感想文を市社協除雪ボランティアセンターに提出し、関係行政機関で共有している。今回はこの感想文をデータとして二次利用させて頂いた。当日は95人の生徒が参加し85人から感想文が寄せられた。

一人ひとりの感想文から除雪作業そのものの手順や行動といった事実の記載のところを削除していき、個人の思いや意見が記載されている部分を抜き出し、自由記述データとして扱った。第一に、断片化せず全体を通して見ることにし、実施前及び開始時と実施後の感情変化を表2の例示のように分析した。

第二に、個人の思いや意見が記載されている部分を40字以内に単文化し、コード化した。次にそれぞれの意味内容の類似性に基づいて名称をつけ、表3コードの見本のようにカテゴリー化を図った。

表2　実施前及び開始時と実施後の感情変化について、分析の例

個人の思いや意見が記載部分の抜き出し	感情変化
ボランティアとして参加した「雪かき塾」最初は、はっきり言って**嫌だった。**小学校までは楽しくてしょうがないくらいだったのに、「なんでこんなことせにゃいかんのだ」と面倒くさく思っていた。しかし、Sさん宅にボランティアとして参加し、Sさんが「ありがとうね」と言ったとき、僕はこの塾を通して、**感謝する心、感謝される心のあり方が少しだけ分かった**ような気がします。感謝する、される気持ちをこれからの学校生活に役に立てていこうと思います。	**嫌だった→よかった** （嫌だった）（感謝されて）

表3　よかった【56個】に分類されたコード（意見）の見本

コード	意見
お礼の言葉をもらえてよかった〈9〉	おばあちゃんに「寒いところありがとう」と言われ、ボランティアに参加できて良かったです。 「ありがとう」と何回も言われて、除雪して良かったと思いました。 以下、略
訪問先の人がうれしそうで良かった〈7〉	終わった後にGさんがとても嬉しそうにしていたので私もやって良かったと思いました。 おじいちゃんはとっても嬉しそうだった。除雪ボランティアをしてよかったと思う瞬間だった。 以下、略
役に立ててよかった〈10〉	地域の役に立つことができてよかったです。 思ったより除雪できなかったけれど、人のために役に立てることはいいなと思いました。 以下、略
交流ができてよかった〈7〉	大学生との交流、地域の方々との交流、たくさんの交流と出会えて本当によかったです。 以下、略

達成感が得られてよかった〈10〉

雪かきは辛いんだなと思った反面、やり終えたあとの達成感も感じられたので良かった。

疲れはあっても達成感が大きく、やって良かったなと思いました。

以下、略

ためになることが得られよかった〈7〉

学校での交流会で将来役立つお話を聞けたり、楽しく盛り上げることができ良い機会になった。

雪かきの基本的な部分からしっかりと学んでくることができたので良かったです。

以下、略

実際に体験できてよかった〈10〉

学校生活ではできない地域の人と交流し、人の役に立てる貴重な体験ができ本当に良かった。

班でも協力して雪かきをすることができたので、除雪ボランティアを体験できてよかったです。

以下、略

第三に、支援団体への感謝や、安全な除雪方法を学べたこと、大学生との交流の印象について出現頻度を調べた。以上3つの観点から、雪かき塾方式での除雪ボランティア体験学習による活動効果について検討した。

三　倫理的配慮

雪かき塾を体験した生徒から寄せられる感想文は個人名が特定されないように配慮し、その生の声を広報に用いている。こうした活用方法に理解を示した生徒から提出された感想文のみをデータとした。

四　調査結果

(1) 実施前及び開始時と活動後の感情の変化

総数85人（男45人、女40人）の感想には、実施前及び開始時と実施後にどのような変化があったか19人（男12

人、女7人）を除く、66人が記載していた。前後の感情の変化は表4のとおり6つのパターンとなった。

(2) 意味内容の類似性に基づく質的分析

85人の個人の思いや意見が記載されている部分を抜き出すと443個のコード（意見の数）が出現した。85人それぞれの個人の思いや意見が記載されている部分を「40字以内に単文化」し、コード化することから始め、443の意見を抽出したものである。それらについて似通ったものを集約しカテゴリー化を図った。カテゴリー・サブカテゴリーの関連性について検討していく過程については図2のとおりである。

その結果、表5のとおり大きく2つのカテゴリー【学び・気づき】（コード348個）【大変さ】（95個）に分類さ

表4　実施前及び開始時と活動後の感情の変化

実施前及び開始時 → 実施後	総数（85人）	男（45人）	女（40人）
実施前の感情、記載なし → よかった	19人（22.4%）	12人（26.7%）	7人（17.5%）
楽しみだった → よかった	6人（ 7.0%）	5人（11.1%）	1人（ 2.5%）
大変だと思った → よかった	41人（48.2%）	18人（40.0%）	23人（57.5%）
不安だった → よかった	9人（10.6%）	3人（ 6.7%）	6人（15.0%）
嫌だった → よかった	8人（ 9.4%）	5人（11.1%）	3人（ 7.5%）
大変だと思った → 大変だった	2人（ 2.4%）	2人（4.4%）	0人（ 0%）

表5　カテゴリーとサブカテゴリー別のコード数と比率

カテゴリー	サブカテゴリー	コード数　個，（%）
【学び・気づき】（348個　集約）	学び・気づき	84個（19.5%）
	よかった	56個（12.8%）
	継続意欲	54個（12.2%）
	やる気・やりがい	48個（10.9%）
	達成感	35個（8.0%）
	楽しかった	27個（6.1%）
	うれしい・喜び	25個（5.6%）
	感謝	14個（8.0%）
	余裕があった	5個（0.1%）
【大変さ】（95個　集約）	大変さ・苦労	45個（10.2%）
	不安・心配	18個（4.1%）
	驚き	17個（3.9%）
	その他	15個（3.4%）

図２　カテゴリー・サブカテゴリーの関連性について検討していく過程

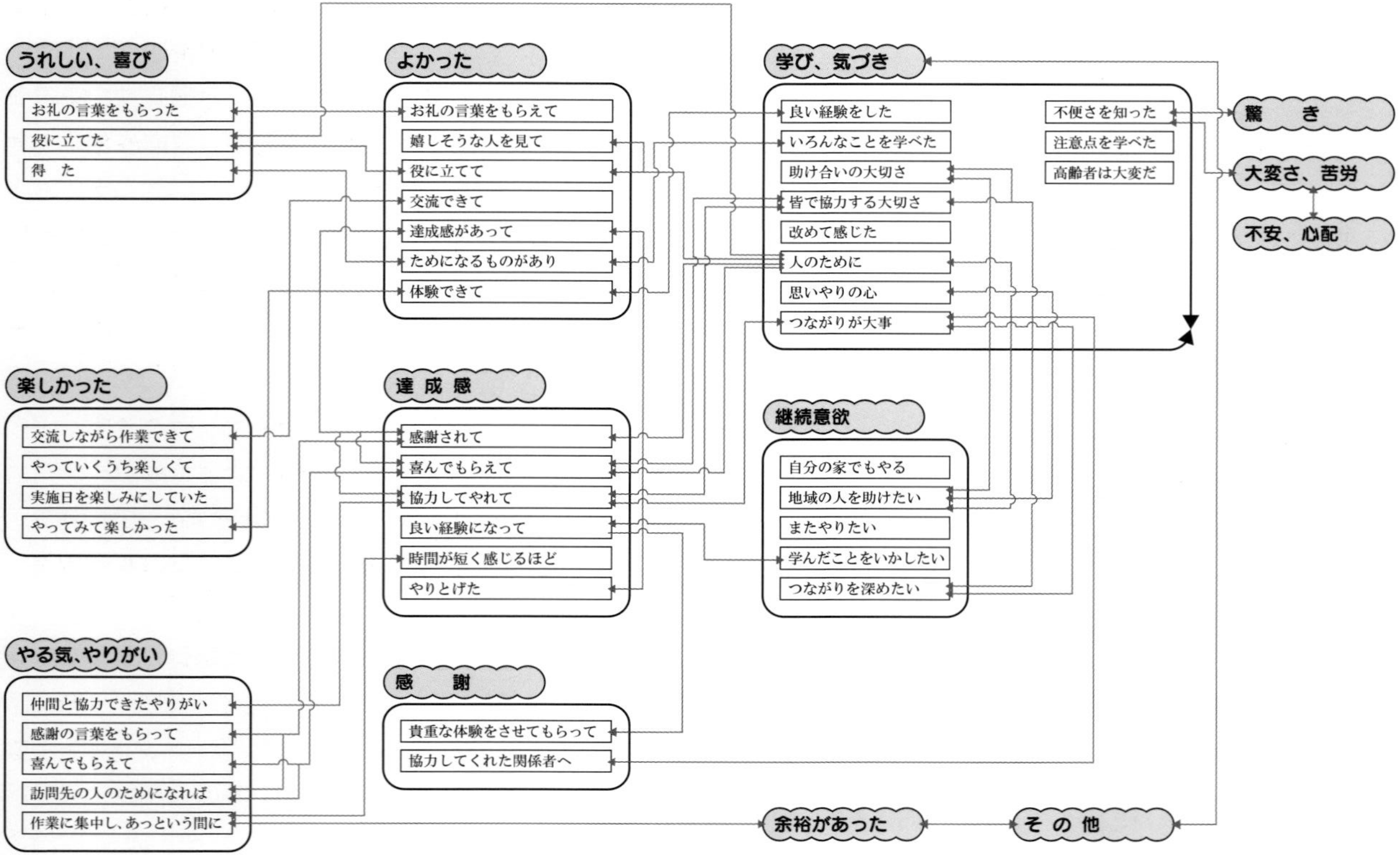

れた。
【学び・気づき】のサブカテゴリーとして〈学び・気づき〉（84個）、〈よかった〉（56個）〈継続意欲〉（54個）〈やる気・やりがい〉（48個）〈達成感〉（35個）〈楽しかった〉（27個）〈うれしい・喜び〉（25個）〈感謝〉（14個）〈余裕があった〉（5個）が出現した。また、【大変さ】のサブカテゴリーには〈大変さ・苦労〉（45個）〈不安・心配〉（18個）〈驚き〉（17個）〈その他〉（15個）が出現した。

(3)雪かき指導者への感謝の言葉や地域の様々な協力があっての気づきがみられるコード数等

参加した生徒の意見である443個のコードの中から、「雪かき指導者への感謝の言葉や地域の様々な協力があって行事が開催できることへの気づきがみられるコード」（感想文中にこういった視点での記載があった箇所）は17個、安全な除雪方法を学べたことが11個、大学生との交流の印象が記されたものは15個であった。

五　考察

次代を担う子どもたちに規範意識や社会性、他人を思いやる心などを身に付けてもらえるよう、発達段階等に応じた様々な体験活動の機会を充実化させて行くことが求められている。このため、二〇〇一年に社会教育法、二〇〇六年に学校教育法を改正し、青少年に対しボランティア活動や自然体験活動等の充実を図っている。一連の流れのもとで、二〇〇二年度から実施の学習指導要領では総合的な学習の時間が新設され地域でのボランティア活動の機会も増え、二〇一二年から「新学習指導要領・生きる力」[5]の中学校での完全実施により、ボランティア活動が一層重要視されている。

そもそもボランティアは自発性によるものでないとおかしいという指摘もあるが、札幌市や仙台市での調査[6]によれば、およそ二割の中学生がボランティアに興味がなかったという報告があり、社会学の高田昭彦[7]も、自分が努力したり熱中したりしている姿は同世代から「カッコワルイこと」とタブー視されるため、そうした姿を見せないで表面的に協調することが大事にされる傾向があり「思春期の心の成長の未熟さ」が影響すると指摘している。これらのことから、学校教育の中で一斉に活動することによる契機作りが求められていると考えられる。また前向きに捉えれば、学校外でのボランティア活動を通じて、家庭や先生以外にも指導してくれる大人、頼れる大人が身近に存在することで、郷土の人々から大切にしてもらったという心の形成にも繋がるものと期待できる。さらに、中学生の時点でボランティア経験をすることの有用性は次の観点からも指摘される。教育学の川原誠司[8]は、現在の中学校においてはクラスの中では同等や平等が強調されがちなことも多く、部活動での非対称的な先輩＝後輩関係では思いやりとは無縁の不要な力関係で支配されていることも多く、教師＝生徒間において子どもは専らサポートを「受ける」、「思いやりを受ける」立場として位置づけられてしまう。クラスや部活動などの環境改善が必要であると同時に、子どもがサポートの「与え手」として何ができるかという社会的な認知能力を取得するため、視点の変換を積極的に要求するような場や機会を用意することも必要である、と指摘している。やはり、ボランティア活動によって社会的有用感や自己肯定感を得ることが思春期において望ましいことがわかる。とりわけ除雪ボランティアの有用性を考えると、豪雪地域に暮らす高齢者等の生活課題に触れ、かつ問題解決的に活動に取り組むことになり、各教科等で学んだ知識・技能等が生活と結び付き、自分の思いを生かしながら大人の社会にかかわり、友達と共に活動し感動を味わったりする体験が得られやすく、また、自己肯定感の上昇にも寄与するものと期待できる。以上を踏まえて、今回の調査結果を見ることにする。

表４より、実施前及び開始時に「大変だ」と思っていた生徒が85人中43人（50．４％）を占めたものの、活動後は83人（97．６％）が「よかった」と思うように変化した。また、「嫌だった」８人（９．４％）についても活動後は全て「よかった」と肯定的に捉えるように変化した。なお、実施前及び開始時に「大変だと思った」という人が活動後も「大変だった」と変わらなかった２人（２．３％）がいるが、もうやりたくないという表現や嫌

図３　コードの関連性概念図（図２の作業後の関連性検討結果）

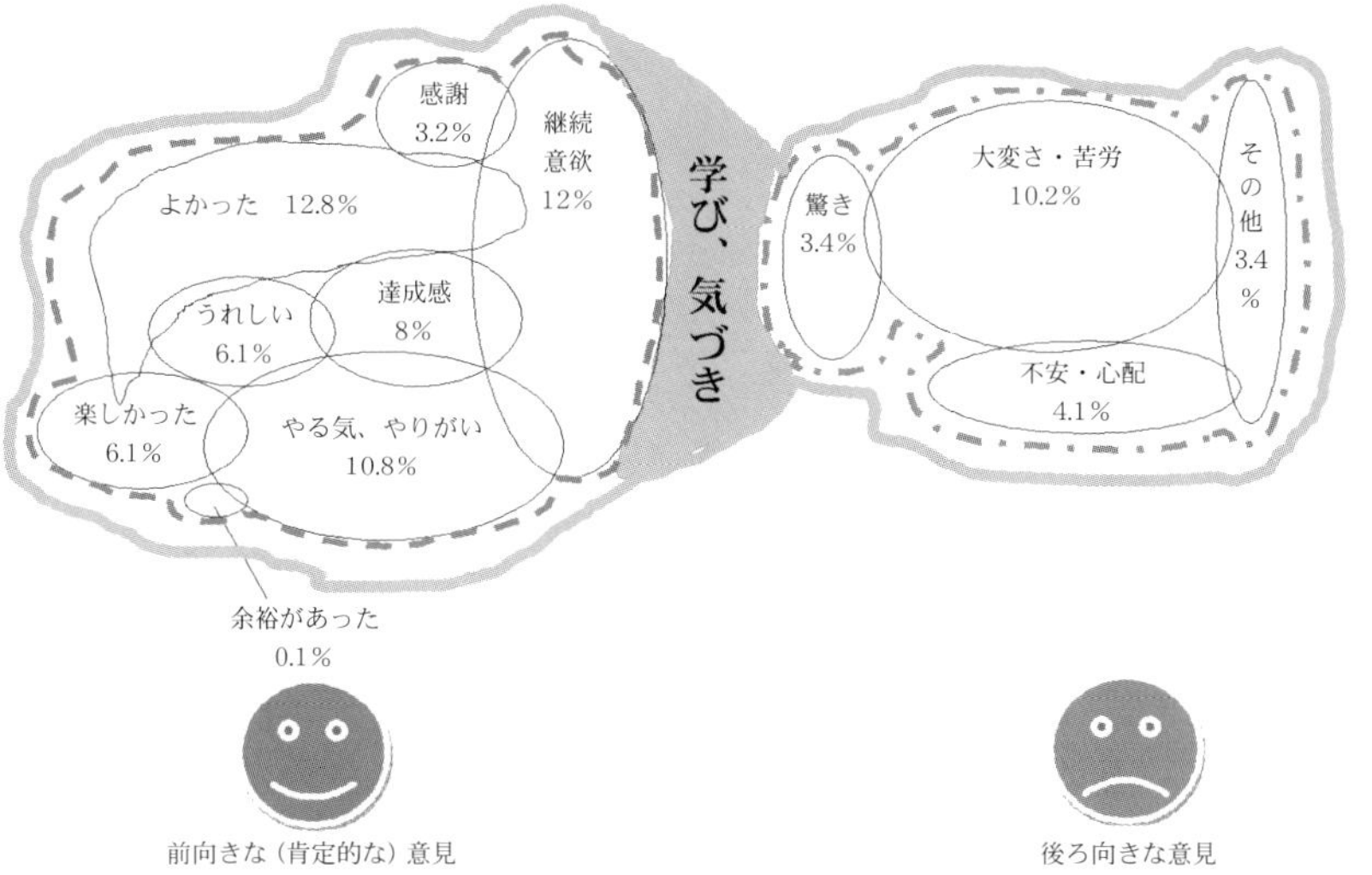

だったという表現は使われていなかった。このことから、尾花沢中学校の雪かき塾を体験した生徒は前向きな意見が多く好意的に捉えている様子が伺え、参加者の大部分が満足感を得ているものと考えられる。

意味内容の類似性に基づく質的分析の結果では、「学び・気づき」のような体験して得たものがあるという意見が比較的多かったものの、〈よかった〉〈継続意欲〉〈やる気・やりがい〉〈達成感〉〈楽しかった〉〈うれしい・喜び〉といったサブカテゴリーに分類された意見の多くは作業の達成感や感謝されてうれしいという直接体験からくるものが多い特徴が見受けられた。生徒の意見（443個のコード）のうち、肯定的な意見は【学び・気づき】（348個のコード）がこれにあたる。このように非常に多いことからも満足感を得られた生徒が多かったものと考えられる。その一方で、学び・気づきは、「固く締まった雪は重くて大変だった」「自分たちも大変だから高齢者はもっと大変だろう」といった意見との関連性が深いと考えられる。したがって、図3のような【学び・気づき】が、後ろ向きな発言の〈大変さ・苦労〉〈不安・心配〉〈驚き〉等との2つの領域を繋ぐ架け橋のような役割を果たしているものとも考えられる。

感想文に記載されている、どのような作業をしたかについては膨大な文章データになってしまうため削除し、あくまで生徒の生の声（どう考えたか）に今回は着目した。個人の思いや意見が記載されている部分を抜き出し、あえてここだけで分析した。その結果、訪問先の高齢者からの感謝、同級生とやり遂げた達成感の声の比重が大きくなったという特徴が示された。その一方で、安全な除雪方法を学べたという記載は11個、雪かき指導者への感謝の言葉や地域の様々な協力があって行事が開催できることへの気づきについても17個に留まってしまった。なお、生徒の感想文の表現に多い「いろんなことを学べた」「貴重な経験になった」の中には「安全な除雪方法を学べた」「地域の人の協力があってこそ自分たちが除雪ボランティアに行くことができた」ということも含んでそのように表現していたかも知れないが、これは直接表現していなかったので今回はカウントしないことにした。そのことも踏まえて今回の調査結果をみる必要もある。

体験的学習によって得られた満足感が高いことがうかがえ、成果であると指摘できる一方、総合学習の一環として取り組んでいるためもう一段の高みを目指すためにもうひと手間加えてもらいたい事柄も見えてきた。それは、実施前後の授業時間に、実施協力機関や団体・訪問先の協力等の「学校と地域との連携」について説明し、より理解を深めてもらうことが必要だということである。地域と学校の連携について生徒の理解がますます進むことで、雪かき塾や尾花沢市共助の除雪の取り組みの、一連の活動に興味を持ち続け、将来社会人となってからは協力者（担い手）となる人をより多く育てることにも繋がると考えられるからである。

六　この調査結果から得られる示唆

支え合いの心を育むために、思春期、とりわけ中学生のボランティア活動が有用であると思われる。

尾花沢市の「地域共助の除雪」の取り組みの一環として中学生から除雪ボランティアに携わること、雪かき塾の開校式での安全宣言（図1）で「快適な冬の暮らしの実現をめざして、みんな力を合わせ、たゆまず努力する」の精神を広めていること、これらから学ぶべきことがあると思う。

除雪支援を必要とする高齢者世帯の状況確認・ニーズ把握をする民生委員、安全な作業を教える地域の大人の協力、移動のために車を用意する行政機関、楽しみながら除雪するために他地域からも大学生が参加する雰囲気作りと広報及び連絡調整機関の除雪ボランティアセンターの機能など、有機的連携が必要である。

支え合いの心を育む地域社会にしていくために、大変ではあるがこうしたシステム（①地域の若者が除雪ボランティアを通じて高齢者をいたわり、②その体験活動から学べる機会と、③技術指導や学習環境整備を行う地域住民の協力）を作っていくことが望ましいと考える。

引用文献等

1・2　国土交通省都市・地域整備局（二〇一〇）共助による地域除雪の手引き http://www.mlit.go.jp/common/000127985.pdf 及び、国土交通省（二〇一〇）山形県尾花沢市における共助による地域除雪に関する実証実験 http://www.mlit.go.jp/common/000131235.pdf

3　福島慎治（二〇〇四）「ボランティア教育の現状と課題」立田慶裕『参加して学ぶボランティア』玉川大学出版，52－54

4　玉井康之（二〇〇五）「山村留学に見られる体験学習の基本類型と教育効果」川前あゆみ・玉井康之（二〇〇五）『山村留学と子ども・学校・地域』高文堂，42

5　文部科学省（二〇一二）新学習指導要領・生きる力　中学校学習指導要領　第4章　総合的な学習の時間　文部科学省ホームページ http://www.mext.go.jp/a_menu/shotou/new-cs/youryou/chu/sougou.htm

6　「札幌市平成十五年度札幌市青少年基本調査」，「仙台市平成十五年度子どもの権利等に関するアンケート」（二〇〇六）日本能率協会総合研究所『中学生・高校生のライフスタイル資料集』生活情報センター，43－48

7　高田昭彦（一九九三）「現代青年の政治意識―アイデンティティ概念の現代的再規定―」ハイメ・カスタニエダ，長島正編，『ライフスタイルと人間意識』，金子書房，171

8　川原誠司（二〇〇二）「中学生が介助ボランティアを通して学ぶものとは」，宇都宮大学教育学部紀要，第1部52(1)，189－208

9　長沼豊（一九九九）『中学生のボランティア活動への道』，明治図書出版

10　小澤亘（二〇〇一）「ボランティア文化の国際比較」小澤亘編，『ボランティアの文化社会学』，世界思想社，217‐226
11　長沼豊（二〇〇二）『総合的な学習こう展開するボランティア学習』，清水書院
12　宮崎猛（二〇〇二）『必ず成功するボランティア・奉仕活動オールガイド』，明治図書出版
13　三本松政之・朝倉美江（二〇〇七）『福祉ボランティア論』，有斐閣アルマ
14　桜井政成（二〇〇七）『ボランティアマネジメント』，ミネルヴァ書房
15　松田次生（二〇一〇）『福祉ボランティアの今日的課題』，学事出版
16　杉山健・徳永悦郎（二〇〇一）「交流活動を中心としたボランティア教育についての一考察」，日本特別活動学会紀要9号，54‐61
17　元橋彰・谷井淳一（二〇〇三）「中学生対象のボランティア学習プログラムに関する実践的研究」国立オリンピック記念青少年総合センター研究紀要3号，83‐95
18　大川戸貴浩・原文宏・新谷陽子（二〇〇七）「中学生の福祉除雪ボランティアによる高齢者支援」，第24回日本雪工学大会報告集，71‐72
19　農山村漁村文化協会（二〇一〇）教育ファーム推進事業報告書，（社）農山村漁村文化協会
20　二藤部久三（二〇一二）「共助による地域除雪」，人と国土21，38(1)，16‐19

謝辞

調査データの二次利用に許可を頂いた関係機関の皆様、地元中学校の生徒の皆さんに感謝申し上げます。また、雪かき塾を開催するにあたり協力した関係機関、団体（山形県北村山総務課、尾花沢市、尾花沢市教育委員会、尾花沢市社会福祉協議会、市民雪研究会、尾花沢市建設業組合会員、宮沢地区雪プロジェクトの皆さん、町内会長・民生委員の皆さんほか）には、現地活動でご一緒させて頂きお世話になりました。ここに記してお礼を申し上げます。

付記

本稿は、二〇一四年十一月二十二日（於：弘前市文化交流館）地域総合文化研究所・公開講座委員会共催「命の尊さ ～医療・教育・福祉の立場から考える～」の第二部リレートークの発表原稿をもとに、一部加筆修正したものである。

助け合って生きる社会を目指して
― 特別支援教育から見えてくること ―

立花茂樹

一　はじめに

障害(1)のある子どもたちの学校教育は、特殊教育から特別支援教育へ、そして今、特別支援教育からインクルーシブ教育(2)へと大きく変わろうとしている。

インクルーシブ教育により、障害のある子どもたちだけでなく、すべての子どもたち一人一人が、かけがえのない存在として理解され、互いの人格と個性を尊重し合い、助け合って生きられる、差別のない社会を当然のこととする共生社会(3)の実現を目指している。

インクルーシブ教育の推進には、高齢者や障害者等への無理解、偏見、差別といった意識上の障壁を取り除き、その社会参加に積極的に協力する心のバリアフリーが必要となる。

障害のある人々に関する心のバリアフリーについての理解を深め、実行する力を育む教育活動を、学校教育では「障害理解教育」と呼んでいる。だが、障害理解教育といいながら、アイマスクを着けての歩行や車椅子での走行など、障害状況を擬似体験する活動だけで満足してしまい、障害があることを、かわいそうだ、大変だ、怖いことだなどと、学習本来のねらいとは程遠く、短絡的な理解にとどまったままで学びを終える取り組みが多いと感じている。

また、インクルーシブ教育の推進に逆行するように、特別支援学級・学校の設置、そして、そこで学ぶ子どもたちも大幅な増加傾向にある。新たな分離教育になるのではないかと懸念される。

本稿では、リフレーミング、セルフエスティーム、心のバリアフリー、障害理解教育、インクルーシブ教育等をキーワードに、一人一人の違いに気づき、一人一人の子どものよさを認め合い、助け合って生きることの大切さを、特別支援教育の側面から考える。

二　どの子も素晴らしい力を持っている

どちらの絵も力強さがあり、思わず見入ってしまう素晴らしい作品である。自閉症児者の描く絵の特徴の一つに写真的なリアルさがある。これらの絵も、すぐ目の前にいる恐竜や魚を瞬時に切り取って、記憶にとどめたように、細部も全体も実に良く描かれており、見る者に何とも言えない温かさと安らぎを感じさせてくれる。

また、「どしゃぶり」と「星」の詩は六十年前のも

どしゃぶり

遠山満志夫（四年）

雨がふってきた
土くさい
土くさい
どしゃぶりだ

〈五四・六・二八〉

星

仲井秋夫（四年）

星はキラキラひかっているとみんながいう
ぼくは星を知らない
でも、なんだか
猫のなき声みたいな気がする

〈五四・七・一〇〉

2014 青森県自閉症協会　啓発ポスターから
絵：市川新平さん

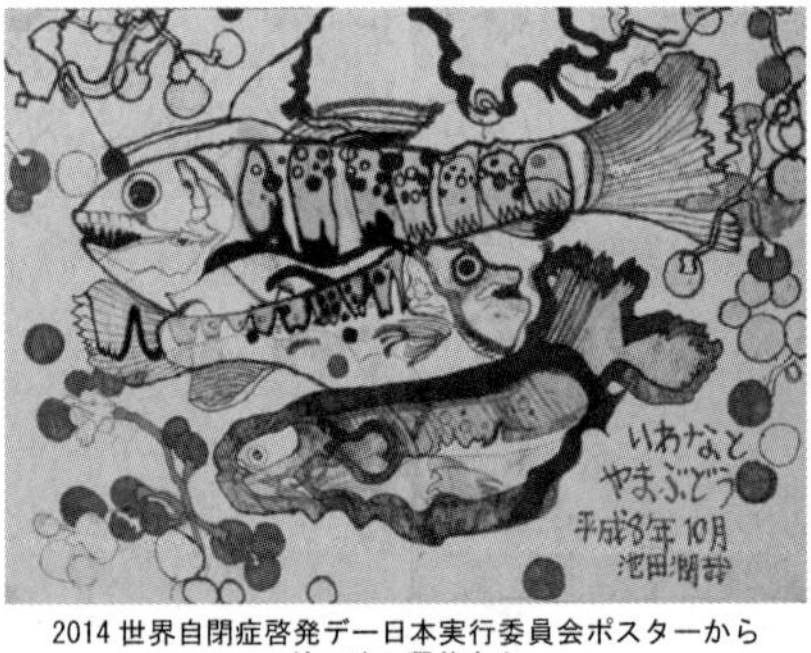

2014 世界自閉症啓発デー日本実行委員会ポスターから
絵：池田潤哉さん

ので、どちらも視覚障害（全盲）のある小学校四年生男子の作品である（赤座、一九六一：三四―三五）。「どしゃぶり」は、乾ききった地面に、激しくたたきつけるように降る雨の情景を、「土くさい」とにおいで表現している。また、「星」の詩は、見えなければ表現のしようがないと思われる星空を、子猫を抱いたときの温かくふわふわとした毛の感触を思い起こし、その鳴き声に置き換えて表現している。全盲という見えない世界にありながら、見える者以上の鋭敏な感覚で物を見ていることがわかる。見るということは、目で見ることだけではないことを教えてくれている。

「障害があるということは、他よりも劣っているということである」と、差別、偏見とも受け取れる発言をしばしば聞くことがある。果たしてそうだろうか。確かに、障害があることで、移動したり、食事をしたりといった、身辺自立やコミュニケーション行動を思うようにできないという不自由さを感ずることはあるにしても、そのことは悪いことでも、恥ずかしいことでもない。ましてや、他より劣っているということではない。障害があっても、障害のない人以上に優れた感性と能力を持ち、素晴らしい生き方をしている人たちは大勢いる。ここに載せた以外にも、障害があることを感じさせることなく、「生きていることに意味がある」と教えてくれる、障害のある人々のたくさんの詩や絵があり、音楽があり、スポーツに汗する人々の姿がある。

知的な発達に遅れがある人や、自閉症と診断された人々に接するときに、彼らの素直さ、正直さ、まじめさを強く感じる場面に出会うことは少なくない。学校の係り活動で、あるいは仕事の場面で、はじめは戸惑ったりつまずいたりしていても、周囲の理解と援助を受けながら、何度も経験することで、徐々に何を、どこまで、どうするのかがわかってくる。ついには、障害のない人以上の勤勉さで、黙々と自分の役割を果たせるようになる。

次に示した「雨の日の水遣り」（柘植、二〇一四）は、知的障害のある子のそうした優れた面を表すエピソードの一つである。

雨の日の水遣り

…（前略）…ある学級に知的障害の子供がいて、その子は、いろいろなことに集中して取り組むことが難しかったようです。ところが、学級花壇にはとても興味を示したので、水遣り当番になってもらったそうです。そうしたら、毎日毎日、欠かさず、丁寧に、水遣りをしてくれたそうです。

何日か過ぎたある日のこと、校長室から、外を見ると雨が降っていたそうです。今日は、水遣りは、なしだなと思ったら、何やら花壇の方に人影があり、よく見たら、その子どもが雨の中、いつものように水遣りをしているのが見えたそうです。

校長先生が急いで近くに駆け寄って声をかけると、雨具をつけないで濡れている校長先生を見て、その子は、自分が着ていたカッパ（レインコート）を脱いで、濡れるから着るようにと校長先生に渡したそうです。

その時に、校長先生は悟ったそうです。無意識のうちに、自分の方が優れていると思い、与えることしか考えなかったのに、誰もがすばらしいものをもっているのだと。

無益なはずの、雨の日の水遣りが、人に感動を与えるのですね。…（後略）…


筆者も小学校に勤務していた時に、同じようなことを経験したことがある。ある小学校に、四年生男子で知的発達に軽度の遅れがあるK君がいた。その学校では、体力作りの一環で「日本一周マラソンに挑戦」という業間活動があり、学校敷地内にグラウンドを中心としたマラソンコースが作られていた。学年別にその周回数に応じてポイントが与えられ、定められたポイントを獲得すると都道府県のいずれか一つを走破したとして、完走賞と一緒にその県の名所や特産品などを紹介する写真カードをご褒美でもらえた。一年間をかけて日本一周に挑戦しようというものである。

ある雨の日、何気なく、外に目をやるとK君が一人で黙々とマラソンコースを走っていた。雨の日は、グラウンドが荒れるので、体育館や教室前の廊下やホールで縄跳びをやることになっている。しかし、K君には、業間時間はマラソンの時間であって、雨が降ったら縄跳びの時間とはならなかったのだろう。風邪をひかせてはいけないと思い、慌てて窓を開け、「雨が降っているから、今日は走らなくてもいいよ。早く中に入りなさい」と声をかけた。ところが、K君はにっこり笑っただけで、そのまま何事もなかったように最後まで走り続けた。その時に、雨の日に、自分の係りである花壇の花の水遣りを一生懸命行った少女と同じ思いがあったのではないか、と感じた。

だが、こうした障害のある子どもたちの行動を、ともすると、私たちは、「状況を捉えることのできない愚かな行為」として、嘲笑ったり、からかいの対象にしたり、見下しの対象としたりすることがある。

ここ15年ほど前から、指導・援助の手が差し伸べられるようになった学習障害や注意欠如・多動性障害、高機能自閉症など、発達障害と言われる子どもたちも、優れたところをたくさん持っている。しかし、その優れたところを周囲の人々から認められ、正しく評価されることは少ない。知的発達に大きな遅れがないこともあって、障害があることを理解してもらえず、一生懸命に頑張っているにもかかわらず、ふざけている、まじめにやらない、ミスばかりする、自分勝手だ、場の空気が読めないなどと、困った行動をする子、変わっている子として見られることが多い。

確かに、発達障害の子どもたちのなかには、例えば、太っている近所のおばさんに、見たままに「おばちゃん、太っているね」とか、年配の教師に向かって、「どうして先生の頭は禿げているの」などと、相手を傷つけるようなことを言う子がいる。しかし、そう話す子の表情は実に屈託なく、明るい笑顔であることが多い。子どもたちには相手を傷つけてやろうとか、相手の気分を損ねてやろうという思いは全くといってよいほどない。また、相手が気分を害しているかどうかを気にかけることもないように見える。では、何故そのような言動をするのだろうか。答えは、社会的ルールやマナーを分からずに、あるいは知っていても気にかけることなく、素直に見たまま、本当のことを話している、ということのようである。

こだわりが強いことも発達障害の子どもたちによく見られる特性の一つである。興味や関心のある遊びや活動は、何時間でも飽くことなく続けることが多い。また、遊びやゲームのルール理解に、少し時間はかかるものの、一旦理解した後には、ルールをきちんと守って遊べる。だが、時間がないとか、参加メンバーが少ないといった状況で、その時だけの特別ルールを作って楽しむということはできないようである。むしろ、頑なにルールにこだわり、ルールを変えることに抵抗を示し（何故、ルール変更が必要かを理解できない）、無理に変更しようとすると、かんしゃくを起こしたり、泣き騒いだりする。周囲からは融通のきかない、面倒くさい子であると思われ、敬遠されるようになる。

このような例は、他にもたくさん挙げられよう。しかし、そうした言動も見方を変えると、本来はそうであるべきだったのではないかと思えることが結構あるように思う。例えば、こだわりの強さは、熱心で集中力がある（途中であきらめたり投げ出したりせず、最後までやり通すことであり、それは望ましいこと）、ルールをきちんと守る（決められたルールは守るべきであり、守ることは褒められることである。変更ばかりしていてはルールにならない）ととらえられる。また、時や場、人に合わせない、場の空気が読めな

表１「子どもの見方をリフレーミング」

子どもの見方をリフレーミング（例）
短所は長所の裏返し（肯定的にとらえる）
「短所は、飽きっぽいところ」→「新しいことに興味を持つという長所でもある

No.	一の見方	＋の見方	No.	一の見方	＋の見方
1	気が小さい	やさしい	8	引っ込み思案	つつましい
2	おせっかい	親切で気が利く	9	わがまま	自分に正直
3	ひねくれている	ユニーク・個性的	10	行動がゆっくり	落ち着いている
4	乱暴	元気がよい	11	お調子者	ユーモアがある
5	臆病	慎重で用心深い	12	言いなりになる	素直で協調的
6	でしゃばり	積極的・前向き	13	しつこい	粘り強い
7	根気がない	むきにならない	14	威張っている	指導力がある

いという特性は、独創的（な考えや行動をする）、正直すぎて、（自分の言った言葉が人を傷つけるということに気が回らないほどに）おっとりしている、ともとらえられる。

このように、障害のある子どもたちが時々見せる、一見偏っていると思える言動も、表1のようにリフレーミング(4)することで、困ったものだとか、短所であると受けとめていた行動を、長所として肯定的にとらえることができるようになる。そんな見方ができると、精神的に余裕を持って、障害のある子どもたちに接しられるようになり、触れ合いを楽しめるようにもなる。

もちろん、障害のある子どもたちに、場にあった言葉遣いや行動の仕方を指導しなくてもよいということではない。指導は必要である。しかし、同時に、障害のある子どもたちの言動をリフレーミングして係わっていく、周囲の人々の理解と支援が求められているということである。周囲の人々の理解と支援は、障害のある子どもたちに情緒の安定をもたらし、生きるエネルギーとなって、セルフエスティーム(5)を育んでいく。

ところが、障害のある子について、無理解、偏見、あるいは、誤解や差別といった、いわゆる心のバリア・障壁があると、障害のある子を、対等に付き合う仲間として認めようとしないばかりでなく、一方的に見下し、からかったり、いじめの標的にしてしまったりする。

そのことを、二〇一三年九月二日付の中國新聞に掲載された「みんな違う　いじめないで」(6)の記事に見ることができる。

みんな違う　いじめないで

発達障害の一つ、学習障害（ＬＤ）の当事者でフリーライターの大橋広宣さん(48)＝下松市＝は子どものころ、過酷ないじめに遭った。落ち着きがなく、集団行動も苦手。そんな障害の特性がいじめの標的になったと振り返る。いま、全国の小中学校などで講演し、体験を語り伝えている。周りと違うからいじめるという過ち

を、子どもたちに繰り返してほしくないと。（余村泰樹）

学習障害　自身の過酷な体験伝える下松のライター大橋さん

友達「どうしてとろいの」　教師「何で分からないの」

いじめが始まったのは小学二年から。教室の中で友達にサッカーボール扱いされて蹴られた。「人間じゃないから切っても血が出ないだろ」。カッターナイフで手を切るように命じられた。「『何であいつはとろいんだ』といういら立ちがあったんでしょう」。人に合わせられない、忘れ物が多い、給食を時間内に食べられない…。「当たり前」のことができず、みんなの足を引っ張ることがあったから。

読む書く困難　ＬＤは知的な障害はないが、読む、書く、計算など特定の分野に著しい困難がつきまとう。大橋さんも他の科目はこなせたが、算数はいつも０点だった。「発達障害」の概念がなかった時代。教師には「努力が足りないんじゃないか」「何でこんな簡単なことが分からないの」と突き放された。いじめを打ち明けても、成績の良いいじめっ子の肩ばかり持つ。信じてもらえず、孤立した。味方は両親だった。人と決して比べず「できないことがあるのは恥じゃない」「おまえはばかじゃないよ」と抱きしめてくれた。漫画を描くことや歌うのが得意な大橋さんを、「うまいのう」と大げさに褒めてくれた。だから生きていられたと、大橋さんは思う。

両親に褒められ自信／得意分野活かし就職　自分のことが好きになれたのは、社会人になってから。文章表現が認められ、地元の新聞社に就職できた。「おまえの記事は面白い」と評価された。得意分野で稼ぎ、人のためにもなる。仕事が楽しくてしょうがなかった。十七年間、記者として経験を積み、八年前にフリーになった。ただ、幼い日の心の傷は癒えない。取材で学校に行くと、子どもの言い争う声に冷や汗が出た。いじめの体験の講演を始めた当初は記憶がフラッシュバックし、意識を失ったこともある。

年間60回講演　それでも語り続けている。現在は全国で年間六十回ほど、子どもや親、教師たちを相手に講演する。苦手なことがあっても、得意を磨けば一人前の社会人になれる。集団行動が苦手でも、マイペースで生きていける。今の自分は、それを証明できると思うからだ。広島市中区であった日本インクルーシブ教育研究所（中区）主催の講演会。「わが子が発達障害だと周囲に伝えるかどうか迷っている。偏見が生まれないだろうか」。保護者から切実な質問が出た。

「話すべきです。クラスの子どもにも親たちにも」。障害の特性をみんなで理解し、受け入れ態勢をつくることが大切だと強調した。教師はそのスキルを備えてほしいと。「みんな違っていて当たり前。いろんな子がいていいんだよ。子どもたちに繰り返し、伝えていきたい」（下線は筆者）

三　セルフエスティームを高め、二次障害を防ぐ

記事のように、過酷な事態に遭わなかったとしても、周囲の適切な理解と支援が得られず、叱られたり注意されたりすることが多くなると、次第に自信を失い、ますますセルフエスティームを低下させていく。そうしてついには、「自分はダメな人間だ」、「自分なんていないほうがいい」などと、否定的な自己イメージを持つようになる。

そのような状態にある時の、本人の思いを表したのが図1である。障害のある子どもたちは、さまざまな困難状況を乗り越えようと、必死に努力し、頑張っている。それにもかかわらず、本人の頑張りだけではどうにも解決できないことがある。そのような時に、周囲の適切な理解と支援が受けられないと、一層困難な状態に追い込まれ、自己嫌悪や自信喪失、自己評価の低下を招き、しまいには周囲への反感や情緒不安定状態が嵩じて、自暴自棄から、反抗的な行動や反社会的行動に走ったりもする。知的障害のない発達障害の場合にその傾向が特に強いように思われる。

このような状態が長く続くと、周囲とのあつれきやトラブルも多くなり、図2にある不登校、ひきこもり、強

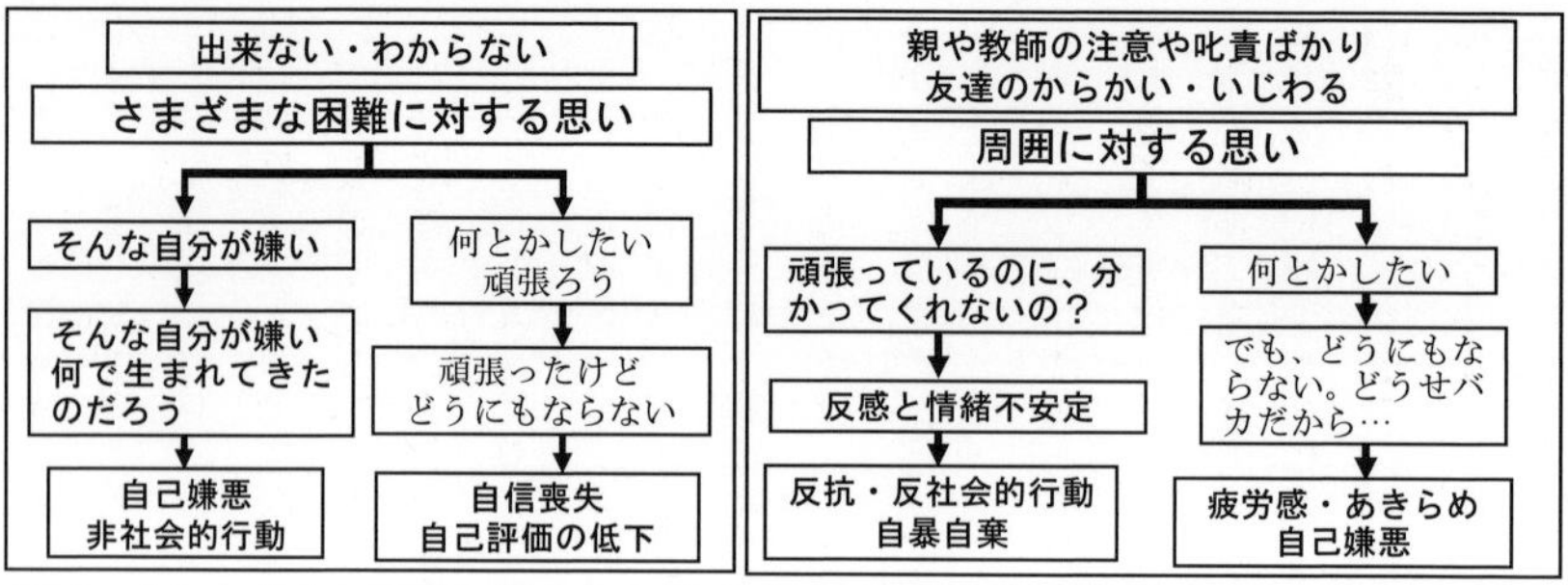

図１　「さまざまな困難に置かれた時の本人の思い」と「周囲に対する本人の思い」

その結果

セルフエスティームが更に低下する

二　次　障　害

■主な症状（不適応状態）

身 体 症 状：頭痛、めまい、チック、過換気症候群、過敏性腸症候群、円形脱毛症など
非社会的行動：常同行動、選択性緘黙、抜毛、不登校、ひきこもり、拒食、過食など
反社会的行動：暴力、非行、いじめなど
※攻撃的、非行的行動が重篤化すると反抗挑戦性障害、行為障害に発展することもある。
精神面の問題：不安障害、適応障害、強迫性障害など

図２　二次障害 主な症状（不適応）症状

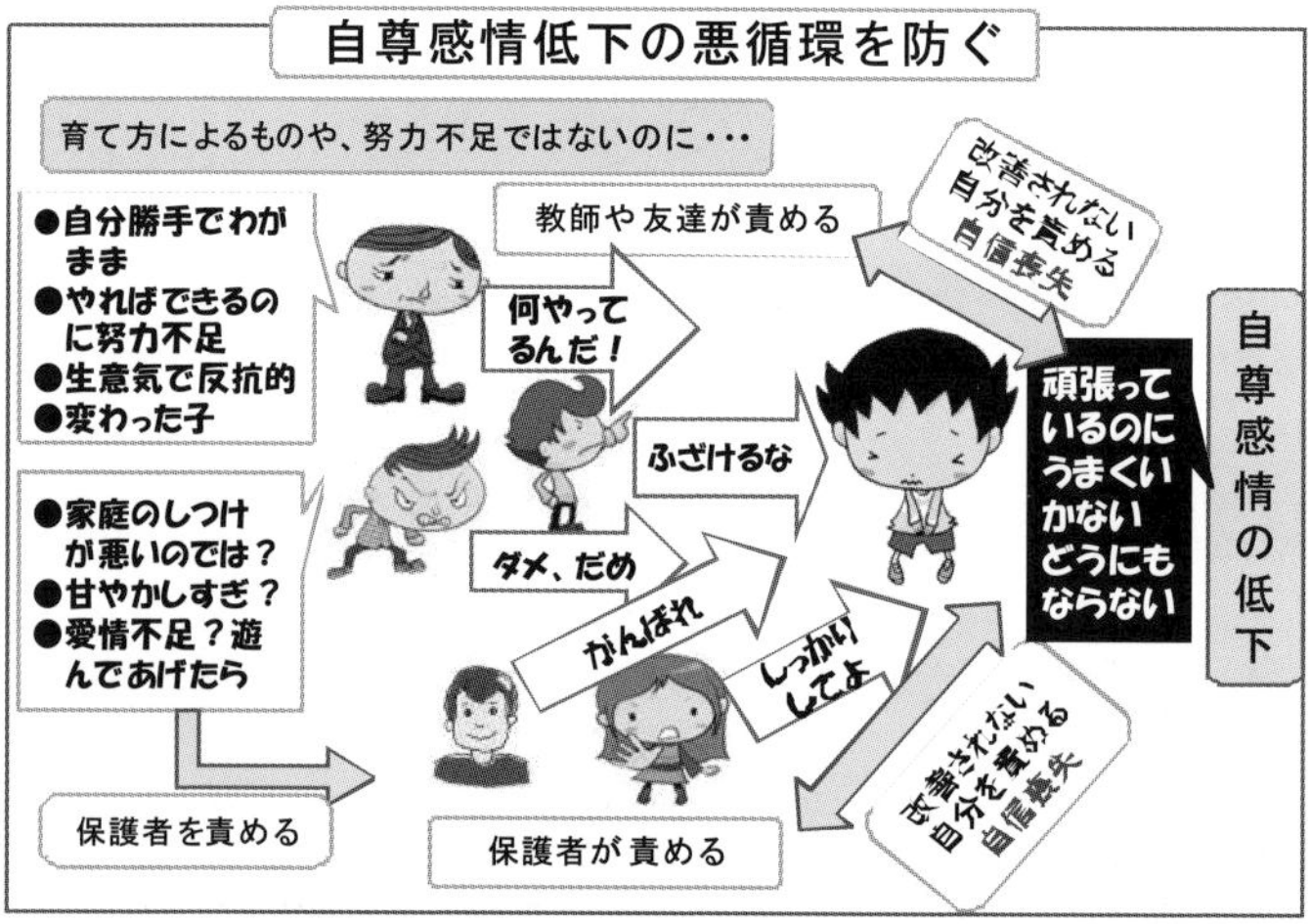

図３　自尊感情低下の悪循環を防ぐ

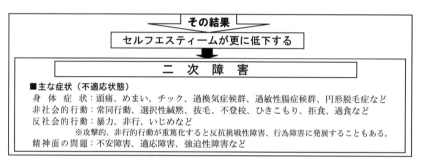

迫性障害、不安障害、チックなどの二次障害の発生が心配されるようになる。そうなると、ますます周囲の目は冷たくなり、セルフエスティーム低下の悪循環（図３）へと陥ってしまう。

こうした状況を避けるためには、まずは、それぞれの子の得意なところを引き出し、大いに認めることである。運動が好きな子、音楽が得意な子、友達に優しい子、お掃除を一生懸命やる子、等々、優劣や上手下手で測れない、その子ならではのよさがどの子にもある。そのよさに教師が逸早く気づき、学級内でそのよさを認め、伸ばしてあげるかかわりができるならば、その子のセルフエスティームは高まり、自信を持って毎日を安定した気持ちで過ごせるようになる。

セルフエスティームを高めることは、障害のあるなしにかかわらず、どの子にとっても必要であり、自分を高める原動力となる。セルフエスティームが高まると、新しいこと、苦手なことにも挑戦しようとする意欲が生まれてくる。一人一人の違いに気づき、一人一人の子どものよさを認め合い、助け合って学び合う、心のバリアフリーを実践する学校・学級風土が醸成されていく。そのようにして、適切な周囲の理解と支援が得られると、発達障害があると診断された子どもたちの中からも、歴史に名を残す人物に負けない活躍をする者が出てくるだろう。

というのも、発達障害であったのではないかと思われている後世に名を残した人物のエピソードに、発達障害のある子どもたちの特徴的な行動によく似た行動を多く見かけるからである[7]。

発達障害であったと思われる人物の多くは、図４にあるように、(1)知的な遅れがなかった（あっても、日常生活に支障をきたすほどではなく。いわゆる境界線知能[8]からごく軽度の知的発達の遅れであった）。(2)周囲の変化に柔軟に対応することが苦手、想像力を働かせて相手の感情や雰囲気を察することが苦手、社会的ルールや暗黙の了解がわからない、多動で衝動性が激しく落ち着きがない、こだわりが強い等々、特定分野の発達の歪みや偏りであった。しかもそれらは、リフレーミングして見ると、周りを気にせず、行動的で、頑固なまでに我が道を行く、生きる力となる逞しさととらえられるものであった。加えて、(3)障害特性によると思われる興味関心のあることへの強いこだわりと恐ろしいばかりの集中力、新しいものに対する旺盛な好奇心と探究心、ひらめきともいえる先入観にとらわれない独自の思考法（感性）を持っていたと思われる。そうした種々の要因がうまく絡み合い、相乗的に作用したことで、天才的な発想が生み出されたのだろう。もちろん本人の努力があったことは言うまでもない。そして、何より大きな力となったのは、他とは少々異なる彼らの言動をその人らしさと受け止めて、温かく見守り、援助の手を差し伸べてくれた周囲の人々の適切な理解と支援であった。

ところで、子どもたちのよさを認める際に、ポジティブ・メッセージとなるアドラー心理学[9]で使われる「勇気づけの言葉」、すなわち、その人が自分らしく生きていけるように支えていくかかわり方の言葉が効果的である。

私たちがよく使う「褒める」という言葉は、適度に使われている場合はよいが、過度な褒め方として用いられると、無意識的ではあっても、「～でなければならない」という大人の価値観を子どもに押し付ける危険性を伴うことがある。「～でなけ

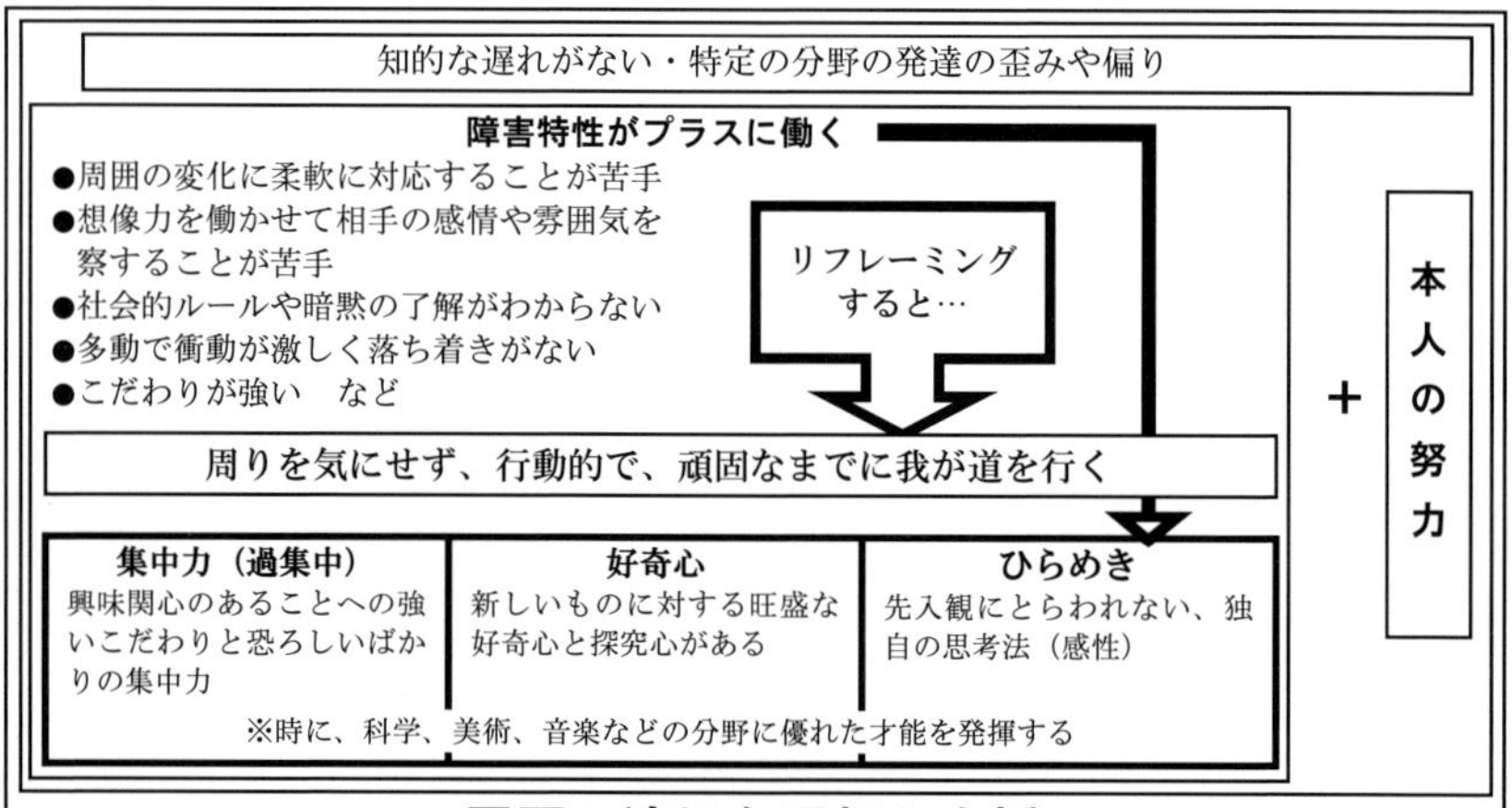

図４　歴史上の人物で「発達障害？」と思われている人々が成功したワケ

ればならない」を達成できない状態が続くと、子どもによっては不適応状態に陥り、成長が阻害されるという結果を招くことがある。大人の価値観を押しつけることなく、子ども自身が価値観を選択しながら、自分の価値観をつくりあげるようにかかわることが大事である。

勇気づけの代表的な言葉には、①ありがとう　②うれしい　③たすかった　がある。この三つの言葉は、実際に使ってみると、子どもでも大人でも、用いた人も声をかけられた人も、心温かくしてくれる不思議な力をもっている。

「褒める」に代えて「勇気づけ」の言葉を用いるようにしたいものである。

四　「特殊教育」から「特別支援教育」へ、そして「インクルーシブ教育」へ

二〇〇七年四月、文部科学省から、特別支援教育は、「これまでの特殊教育の対象の障害だけでなく、知的な遅れのない発達障害も含めて、特別な支援を必要とする幼児児童生徒が在籍する全ての学校において

「褒める」

母親：「Aちゃん、100 点だね。すごいね。頑張ったね。」
A　：（やったぞ！ママに褒められた）
↓
母親：「Aちゃん、今度も 100 点だね。すごいね。頑張ったね。」
A　：（やったぞ！またママに褒められた）
↓
母親：「（80 点だった Aちゃんに）100 点じゃないの。次は 100 点取れるように頑張ってね。」
↓
A　：（80 点なのに褒めてくれないの。100 点でなきゃダメなんだ）

「勇気づけ」

母親：「100 点だね。今どんな気持ち？」
A　：「とっても嬉しいよ。やったぞ！って感じかな」
母親：「そう。やったぞ！って感じなんだ。Aちゃんが嬉しいと、ママも嬉しいな。」
A　：（ようし、次のテストも頑張ろう）
↓
A　：「（80 点だった A 君）100 点じゃなかった。悔しいけど、80 点だからまあまあかな。」
母親：「そう。悔しいけど、まあまあなんだ。ママも悔しいけど、A ちゃん一生懸命だから、ママ嬉しいな。」
↓
A　：（100 点でなくても喜んでくれるんだ。ようし、次は頑張ろう。）

「勇気づけの言葉」

①**「ありがとう」**（応援に来てくれてありがとう）（問題解決への御協力ありがとうございます）
②**「うれしい」**（応援に来てくれてうれしい）　（問題解決への御協力うれしいです）
③**「たすかった」**（応援に来てくれてたすかった）（問題解決への御協力たすかりました）
☆相互信頼・相互尊敬の関係を大切に、上下関係、性別、年齢等にとらわれず、平等の立場で使える言葉である。
☆相手の気持ちに共感し、自立への力が湧いてくる言葉である。
☆自分を好きになり大切にすることで、自己肯定感・自尊感情が育ち、自分らしく生きる土台が培われる。

図５　「褒める」と「勇気づけ」・「勇気づけの言葉」

実施されるもの」であり、「障害の有無やその他個々の違いを認識しつつ様々な人々がいきいきと活躍できる共生社会の形成の基礎となるもの」という特別支援教育の理念[10]が示された。

それまでの障害の種類や程度に応じて特別な場での教育を行う特殊教育から、一人一人の教育的ニーズに対応していく教育への転換であり、通常学級に在籍する特別な教育的支援を必要とする子どもたちへの支援を制度的にも位置づける画期的な制度の変更であった。

また、特別支援教育が、特別支援学校や特別支援学級を担当する一部教員による教育という限定したものではなく、すべての学校の、すべての教員によって行われるものであることを意味していた。

とりわけ、理念の一つとして、「障害のある幼児児童生徒への教育にとどまらず、障害の有無やその他の個々の違いを認識しつつ様々な人々が生き生きと活躍できる共生社会の形成の基礎となるものであり、我が国の現在及び将来の社会にとって重要な意味を持っている」と、明記したことは特筆すべきことであった。

そして今、新たな教育制度である「インクルーシブ教育」へと、再び大きく転換の舵が切られた。

インクルーシブ教育は、すべての子どもに対して、それぞれが有する特別なニーズに応じた教育を、その子の住む地域の通常の学校・学級において提供する教育をいう。一九八〇年代後半からの統合教育（インテグレーション[11]あるいはメインストリーミング[12]）への批判を出発点に発達してきた考え方であり、障害のある人たちを社会から隔離・排斥することなく、社会の中で共に助け合って生きていこうと考えるソーシャルインクルージョン[13]の概念を教育において実現することを目指している。

その背景には、サラマンカ声明[14]と障害者の権利に関する条約（略称：障害者権利条約　以下、障害者権利条約という）[15]がある。

左記は、サラマンカ声明の宣言部分である。

われわれは以下を信じ、かつ宣言する。

・すべての子どもは誰であれ、教育を受ける基本的権利をもち、また、受容できる学習レベルに到達し、かつ維持する機会が与えられなければならず、

・すべての子どもは、ユニークな特性、関心、能力および学習のニーズをもっており、

・教育システムはきわめて多様なこうした特性やニーズを考慮にいれて計画・立案され、教育計画が実施されなければならず、

・特別な教育的ニーズをもつ子どもたちは、彼らのニーズに合致できる児童中心の教育学の枠内で調整する通常の学校にアクセスしなければならず、

・このインクルーシブ志向をもつ通常の学校こそ、差別的態度と戦い、すべての人を喜んで受け入れる地域社会をつくり上げ、インクルーシブ社会を築き上げ、万人のための教育を達成する最も効果的な手段であり、さらにそれらは、大多数の子どもたちに効果的な教育を提供し、全教育システムの効率を高め、ついには費用対効果の高いものとする。（独立行政法人国立特別支援教育総合研究所「サラマンカ声明」より）[16]

ここで述べられているのは、すべての子どもたちは教育を受ける基本的権利を持っていること、通常の学校から排斥されることなく、それぞれの特別な教育的ニーズに合致する教育が提供されなければならないこと、インクルーシブ志向をもつ通常の学校における教育こそが、差別的態度と戦い、すべての人を喜んで受け入れる地域社会をつくり上げ、万人のための教育を達成する最も効果的な手段となるということである。

この考えを受け継ぎ、締約国の義務としてインクルーシブ教育を教育制度の基本として整備することを規定したのが、二〇〇六年十二月に国連総会において採択され、二〇〇八年五月に発効した障害者権利条約である。

同条約の第24条（教育）には、教育についての障害者の権利を認め、あらゆる段階における障害者を包容する

教育制度及び生涯学習を確保すること、障害を理由として「一般的な教育制度」から排除されないこと、自己の生活する地域において初等・中等教育の機会が与えられること、個人に必要な合理的配慮が提供されることなどが定められている。

そうした世界的な動きを受けて、二〇一二年七月に中央教育審議会初等中等教育部会から出されたのが、共生社会の形成に向けたインクルーシブ教育システム構築のための特別支援教育の推進（報告）（以下「報告」という）である。

「報告」では、障害のある者が積極的に社会に参加・貢献し、誰もが相互に人格と個性を尊重し支え合い、人々の多様な在り方を相互に認め合える共生社会の形成に向けて、就学相談・就学先決定の在り方や、障害のある子どもが十分に教育を受けられるための合理的配慮[17]及びその基礎となる環境整備[18]、多様な学びの場の整備及び教職員の専門性の向上など、我が国におけるインクルーシブ教育システム構築の方向性を示している。

以上をまとめたのが、図6である。

「報告」では、インクルーシブ教育の形態として、全ての子どもが通常学級で学ぶフルインクルージョンをめざすのではなく、「個別の教育的ニーズのある幼児児童生徒に対して、自立と社会参加を見据えて、その時点で教育的ニーズに最も的確に応える指導を提供できる、多様で柔軟な仕組み[19]を整備することが重要である」として、通常学級、通級指導教室、特別支援学級、特別支援学校といった現行のシステムを維持することが示されている。

これは、日本ならではのインクルーシブ教育システムともいえる考え方である。

現在の我が国の財政状況やこれまでの障害のある子どもたちに対する学校教育、特に障害や障害者についての理解や支援に対する考え方が多様であることや、インクルージョンの思想が社会全体に十分に浸透していない状

サラマンカ声明(1994)
世界で最初にインクルーシブ教育の考え方を国際的に提唱

障害者の権利に関する条約
2006.12.13 国連総会において採択、2008.5.3 発効。
我が国では2007.9.28 署名、2013.12.4 国会で批准承認、2014.1.20 国連に批准書を寄託。
第二十四条　教育　1項及び2項(要約)
教育についての障害者の権利を認め、その権利を差別なしに、かつ、機会の均等を基礎として実現するため、人間の多様性等の尊重を強化すること、精神的及び身体的な能力をその可能な最大限度まで発達させること、自由な社会に効果的に参加することを可能とすることを目的とするあらゆる段階における障害者を包容する教育制度及び生涯学習を確保する。
権利の実現に当たり、障害者が障害を理由として教育制度一般から排除されないこと及び障害のある児童が障害を理由として無償のかつ義務的な初等教育から又は中等教育から排除されないこと、障害者が、他の者と平等に、自己の生活する地域社会において、包容され、質が高く、かつ、無償の初等教育の機会及び中等教育の機会を与えられること、個人に必要とされる合理的配慮が提供されることなどを確保する。

「特殊教育から特別支援教育へ」 特別支援教育の推進について(通知) 2007.4.1
(1)障害のある幼児児童生徒の生活や学習上の困難を改善又は克服
(2)知的な遅れのない発達障害への支援 (3)共生社会の形成の基礎となるもの
学習指導要領改訂
校内支援体制の整備、実態等に応じた指導の充実、交流及び共同学習の推進

障害者基本法改正
2011.8.5 施行
第16条
可能な限り障害者である児童及び生徒が障害者でない児童及び生徒と共に教育を受けられるよう配慮しつつ、交流及び共同学習を積極的に進めることによって、その相互理解を促進する。

障害者総合支援法
2013.4.1 施行
法に基づく日常生活・社会生活の支援が、共生社会を実現するため、社会参加の機会の確保及び地域社会における共生、社会的障壁の除去に資するよう、総合的かつ計画的に行われることを法律の基本理念としている。

共生社会の形成に向けたインクルーシブ教育システム構築のための特別支援教育の推進(報告)
2012.7.23 初等中等教育分科会
はじめに
1. 共生社会の形成に向けて
(1)共生社会の形成に向けたインクルーシブ教育システムの構築
(2)インクルーシブ教育システム構築のための特別支援教育の推進
(3)共生社会の形成に向けた今後の進め方
2. 就学相談・就学先決定の在り方について
(1)早期からの教育相談・支援
(2)就学先決定の仕組み
(3)一貫した支援の仕組み
(4)就学相談・就学先決定に係る国・都道府県教育委員会の役割
3. 障害のある子どもが十分に教育を受けられるための合理的配慮及びその基礎となる環境整備
(1)「合理的配慮」について
(2)「基礎的環境整備」について
(3)学校における「合理的配慮」の観点
(4)「合理的配慮」の充実
4. 多様な学びの場の整備と学校間連携等の推進
(1)多様な学びの場の整備と教職員の確保
(2)学校間連携の推進
(3)交流及び共同学習の推進
(4)関係機関等の連携
5. 特別支援教育を充実させるための教職員の専門性向上等
(1)教職員の専門性の確保
(2)各教職員の専門性、養成・研修制度等の在り方
(3)教職員への障害のある者の採用・人事配置

障害者虐待防止法
2012.10.1 施行
障害者に対する虐待の禁止、国等の責務、障害者虐待を受けた障害者に対する保護及び自立の支援のための措置、養護者に対する支援のための措置等を定め、障害者虐待の防止、養護者に対する支援等に関する施策を促進する。

障害者差別禁止法
2016.4.1 施行予定
全ての国民が、障害の有無によって分け隔てられることなく、相互に人格と個性を尊重し合いながら共生する社会の実現に向け、障害を理由とする差別の解消を推進することが目的。

学校教育法施行令の一部改正 (2013.9.1施行)
・障害のある子どもの就学先を決定する仕組みの改正
・保護者及び専門家からの意見聴取機会の拡大など
「障害のある児童生徒等に対する早期からの一貫した支援について」(通知) 2013.10.4
「教育支援資料」公表

○インクルーシブ教育システム構築に向けた、就学先決定の見直し、交流及び共同学習の充実等、特別支援教育推進のあり方が示された。
○障害のある児童生徒の就学先決定の仕組みについて、「特別支援学校への就学を原則とし、例外的に小中学校へ就学することも可能」とする規定から、個々の児童生徒について、市町村の教育委員会が、保護者や専門家の意見も聴取し、その障害の状態等を踏まえた総合的な観点から就学先を決定する仕組みに改める。

図6　サラマンカ声明からインクルーシブ教育システム構築まで

況から考えると、フルインクルージョンへの過渡期の取り組みに留まることは、止むを得ないと思われる。
もちろん、障害のある子どもと障害のない子どもが平等に教育を受けられる適切な環境を整え、できる限り共に学ぶ機会を保障することは当然のことである。しかし、ここでいう平等は、単に障害のある子どもとない子どもを同じ教室で、教育内容や教育方法を同じくして学ばせることではない。障害の種類や程度、状態をよく把握し、個別性に配慮した専門性の高い指導によって、個々の特別なニーズに可能な限り応える教育を確保することこそが平等なのである。そうした取り組みを否定すべきではない。むしろ、現時点では、それぞれの持つ援助資源を生かしたネットワーク化による指導・支援の具体策を考え、実行することが重要である。

ところで、我が国では、障害者権利条約の「障害者が障害に基づいて一般的な教育制度から排除されないこと」や、「報告」の「特別支援教育は、共生社会の形成に向けて、インクルーシブ教育システム構築のために必要不可欠なものであり、着実に推進される必要がある」などの文言から、インクルーシブ教育は障害のある子どもたちのための教育であると受け取られがちである。しかし、もともとの考えは、そうではない[20]。

インクルーシブ教育の実現に向けて、文部科学省が進めているインクルーシブ教育システムの構築は、本来的には、これまでの学校教育制度を根底から変える大改革とならなければならないものであり、障害のある子どもたちを含め、障害のない通常学級で学ぶ多くの子どもたちをも対象とする教育制度の変更でなければならない。であるならば、前にも述べたように、文部科学省がいう特別支援教育の充実がインクルージョンへと繋がっていくとする考えに基づくインクルーシブ教育システムの構築は、あくまでも過渡期の対応であると位置づけられる。とは言いながらも、インクルーシブ教育システム構築に向けて特別支援教育を着実に推進していくことは、共生社会実現への確かな一歩となるものであり大いに評価できる。

将来的なフルインクルージョンへの取り組みは、障害者権利条約の精神に則って整備されてきた各種国内法の施行と成果に待たなければならない。と同時に、学校教育においては、「報告」で述べられている基礎的環境整備や合理的配慮をはじめ、学校間連携、交流及び共同学習[21]等を着実に推し進めていくことが重要である。その取り組みの中で、障害のある人に対する社会の偏見や差別、あるいは理解不足などの心のバリアについて、障害のある子もない子も、自らの問題として受けとめ、互いの社会参加に積極的に協力し合う心のバリアフリー意識を育んでいかなければならない。そのためにも、すべての学校において、先行事例（久保山、二〇〇九：楠他、二〇一一：他）を参考に、子どもたちの発達段階に沿った系統的な「心のバリアフリー教育」（障害理解教育）プログラムを作成し、計画的・組織的に実践していくことが喫緊の課題となる。

なお、図6に示したように、「報告」を受けて、学校教育法施行令の一部改正（二〇一三年八月二十六日付け「政令第二四四号」）等が行われた。障害についての基準に合った児童生徒は、原則、特別支援学校に就学するというこれまでの就学先を決定する仕組みから、障害の状態やその変化を踏まえ、保護者や専門家からの意見聴取の機会を拡大し、総合的な観点から合意し、判断し、就学先を決定するという仕組みに改められた。これもまた、インクルーシブ教育への一歩である。

五「心のバリアフリーを育む障害理解教育」への期待

障害理解に関する教育を、学校教育では障害理解教育と呼んでいる。障害理解教育のねらいは、表2に示したように、「障害を個人の要因に求めるのではなく、その個人を取り巻く環境とのかかわりという社会的な視点から正しく理解すること」、「障害のある人もない人も同じ社会の構成員であるという認識に立って、相手の人格と個性を尊重し合い、共生社会の実現を目指す仲間として活動する態度と行動力を身に付ける」ことをねらいとしている。換言すると、障害のある人に対する偏見や差別あるいは同情に基づく障害者観から、ノーマライゼーション理念に立つ障害者観への変化を期待する活動であり、障害理解教育は人権意識と心のバリアフリーを育む教育であるといえる。

活動は、総合的な学習の時間や道徳の授業に、あるいは種々の学校行事への参加を中心として特別活動の時間に位置づけられている場合が多い。また、小・中学校や特別支援学校の学習指導要領等で、学校間の連携や交流を図るとともに、障害のある幼児児童生徒との交流及び共同学習や高齢者などとの交流の機会を積極的に設けることが示されていることから、各教科や課外の教育活動である部活動の時間に、交流及び共同学習として障害理解教育を行うこともある。

主な活動内容としては、やさしいまちづくりやバリアフリー、ユニバーサルデザイン、ノーマライゼーションなどの考え方と関連付けながら、視覚障害体験（アイマスクをつけて、目が見えない状態の歩行を体験し、そのサポート方法を学ぶ）、車いす体験（車いすに実際に乗って操作し、車いす使用者の移動の状況を体験し、そのサポート方法を学ぶ）、高齢者体験（目が見えにくくなるゴーグル、肘や膝の関節を曲がりにくくするための装具、手足のおもりなどを身につけて、加齢による身体の変化を体験する）など、障害状況を疑似体験するものが多い。また、高齢者や障害者の入所施設を訪問して、入所者に音楽や劇を披露したり、入所者との遊びやおしゃべりなどのふれあい

表２　学校における（人権意識と心のバリアフリーを育む）障害理解教育

<table>
<tr><td>障害理解教育のねらい</td><td colspan="3">障害理解教育は人権意識と心のバリアフリーを育む教育
①障害を個人の要因に求めるのではなく、その個人を取り巻く環境とのかかわりという社会的な視点から正しく理解する。
②障害のある人もない人も同じ社会の構成員であるという認識に立って、相手の人格と個性を尊重し合い、共生社会の実現を目指す仲間として活動する態度と行動力を身に付ける。
障害のある人に対する偏見や差別あるいは同情に基づく「障害者観」
➡ ノーマライゼーション理念に立つ「障害者観」へ</td></tr>
<tr><td>学習の時間</td><td colspan="2">学習活動</td><td>学習内容</td></tr>
<tr><td>◆総合的な学習の時間
◆道徳
◆学校行事等の特別活動
◆各教科
◆課外活動</td><td>交流及び共同学習</td><td>●障害状況の疑似体験
（アイマスクを装着しての歩行、車椅子操作など）
●幼稚園・保育所・特別支援学校・特別支援学級との交流
●高齢者・障害者入所施設の訪問・入所者との交流
（音楽や劇を披露・遊びやおしゃべり）
●介護・就労体験
（食事やベッドメイク、日々行われている施設での作業等）
●VTR/DVD視聴
●「やさしいまちづくり」、「バリアフリー」、「ユニバーサルデザイン」、「ノーマライゼーション」などの調べ学習</td><td>正しい障害理解と障害者・高齢者理解による人権意識と心のバリアフリーの育成</td></tr>
</table>

の時間を持ったり、実際に高齢者や障害者の食事やベッドメーキング、日々行われている施設の作業等の介護・就労体験、ビデオやＤＶＤ視聴による学習など、多様な学びが実践されている。

このような時間、内容で行われている障害理解教育であるが、残念ながら、どちらかというと、年間の指導時間数はそれほど多くない（今枝他、二〇一二：他）。また、子どもたちの成長・発達に応じた、複数年にわたる継続的・計画的な実践も少なく、一時的な体験活動で学習を終えることも多い。そこで危惧されるのが、例えば、車いすに実際に乗って、車いす使用者（肢体不自由）の移動状況を疑似体験した時に、一人で自由に外出できないのはかわいそうだ、坂道や段差のあるところを一人で車いすを操作するのは大変だ、辛いだろう、などと表面的な理解や偏った認識から、障害のある人はかわいそうな人だから、障害者でない私たちが助けてあげるべきだという、一方的で押しつけとも思えるような態度と行動を形成することである。

また、時々、事前のねらいや、活動計画を十分に検討しないままに、とりあえず場所や時間を共有し、障害のある子どもとのふれあいや、遊びを通して障害理解を図ろうとする取り組みを目にすることがある。そのような場合には、事前指導で、障害のない子どもたちに、「困っている子がいたら、助けてあげましょう。優しくしましょう」と話していることが多い。そうした時、障害のない子どもたちのなかに、ゲームのルールが分からず、突然にかんしゃくを起こして暴れる子を見て、障害があるのだからと、自分の気持ちを無理やり抑え込む子がでてくる。せっかくの障害理解の機会が、「我慢しなければならないといったことが多いと、障害理解は深まらないだけでなく、障害は特別なこと、怖いこと、嫌なことと理解してしまうことになる」（中村、二〇一一：七）のではないかと心配になる。

障害のある子とない子の触れ合いが、障害についての偏見や憐れみ、同情を抱かせるものであってはならない。障害のない子が、障害のある子のよさに触れながら、どんなことが困難で、どのように係わっていったらよいかなど、発達段階に応じた障害の気づき、理解、行動の仕方を実践を通して学ばせることが大事なのである。そのような学びを通して、共生社会実現の共同作業者として、互いの得意なことと不得手なことを理解し、得意なことでは不得手な人を助け、不得手なことでは得意な人から助けられることが当たり前の関係を育てていきたいものである。

そうした心のバリアフリーを育む障害理解教育を進める上で参考になるのが、我が国における重度・重複障害児教育の先導的役割を果たした、教育心理学者であった梅津八三[22]の次のような考え方である(梅津、一九七八：一〇一)。

…〝障害〟というのは、ある生体の生命過程において、現に起こっている〝とまどい〟、〝つまづき〟、〝とどこおり〟をさす。ふつう〝障害者〟といわれる人々に現に起こっている障害状況、そしてその障害状況に対面相触しているわれわれ自身に、それにどう対処したらよいか、〝とまどい〟、〝つまづき〟、〝とどこおり〟がおこっているとする。これも障害状況である。このような相互障害状況が仕事の出発点、すなわち目標の対象となる。

われわれの例からすれば、相手の障害状況から立ち直るようなあたらしい対処の仕方を発見し、実行し、実績をあげることになるならば、自らも自らの障害状況を脱することになる。しかしこの過程において、われわれの刻々の対処のしかたが実効があるものであるか否かは、ひとえに相手の行動経過からのはねかえりにまたなければわからないのであるから、相手はわれわれの側の障害状況からの立ち直りを導くことによって、相手自らも障害状況から立ち直ることになる。このように相互がそれぞれの生命活動の調整をあらためるのに相互が輔けあう。このような相互輔生を対象に対するわれわれの対処の仕方とする。

梅津は、障害は子どもだけにあるのではない。障害の状況にある子どもにどう対応してよいか、とまどい、つまづき、とどこおりの状況にある教師もまた障害状況にある（相互障害状況）と言う。また、教師の対処のしかたが実効あるものであるかどうかは、子どもたちの行動経過からのはねかえりにまたなければわからないとし、子どもたちの行動のはね返りによって教師の障害状況からの立ち直りが導かれるのであれば、そのことによって、子どもたち自身も障害状況から立ち直ることになる（相互輔生）と述べている。

とらえ方によっては、ノーマライゼーションや共生の考え方に通ずるものである。

また、障害のある人と障害のない人が、互いにかかわった経験が乏しく、相手のことを知らないために、交流するときに抱くとまどいやつまづき、あるいは、とどこおりや思い込みを心のバリアととらえると、そのバリアを取り除き、心のバリアフリー状況を作り出すためには、障害のある人と障害のない人の双方からの働きかけが必要であることを示唆しているようにも思われる。

ところで、東日本大震災後のテレビやラジオ放送で、一般企業のＣＭ放送に替えて、頻繁に放映された公益社団法人ＡＣジャパンのキャンペーンＣＭの詩を覚えている人は多いと思う。

＜こころ＞はだれにも見えないけれど＜こころづかい＞は見える
＜思い＞は見えないけれど＜思いやり＞はだれにでも見える

宮澤章二[23]の詩集『行為の意味　青春前期のきみたちに』に収録されている作品（二〇一〇：一〇八―一〇九）である。詩「行為の意味」は、心のバリアフリーを育む障害理解教育のあるべき姿を見事に表現している。

あたたかい心が　あたたかい行為になり　やさしい思いが　やさしい行為になるとき
〈心〉も〈思い〉も　初めて美しく生きる——それは　人が人として生きることだ

心のバリアフリーを共有する社会の実現が待たれる。その際、行動モデルとなるのが、大人たちの、特に日々子どもたちに接している教師の姿である。障害についての知識や認識、障害のある子への声のかけ方や接するときの態度、サポート方法など、教師のかかわり方が、障害のない子どもたちにとってのモデルとなる。

そのように考えると、障害理解教育を進めるに当たっては、真っ先に、教師自身が自らのかかわり方を見詰め直し、障害や障害者に対する正しい知識と認識を持つことに努めることが大事になる。障害理解教育推進に当たって教師の果たす役割は大きい。

ときに、心のバリアフリーを育む上で、特別支援教育の現状に少しばかりの危機感を抱いている。それは、二〇〇七年の特別支援教育のスタート前後から、特別支援学校や小学校・中学校の特別支援学級（二〇〇六年度までは盲学校・聾学校・養護学校及び特殊学級）の設置と、そこで学ぶ子どもたちの数が全国的に増えていることであり、発達障害といわれる子どもたちの通級による指導が増え続けていることである。

先に見たように、特別支援教育のスタートに当たって出された「特別支援教育の推進について（通知）」において、「特別支援教育は、障害のある幼児児童生徒への教育にとどまらず、障害の有無やその他の個々の違いを認識しつつ様々な人々が生き生きと活躍できる共生社会の形成の基礎となるもの」であると、その理念を高らかに謳い、今また、「報告」において、「障害のある子どもが、地域社会の中で積極的に活動し、その一員として豊かに生きることができるよう、地域の同世代の子どもや人々の交流等を通して、地域での生活基盤を形成することが求められている。このため、「可能な限り共に学ぶことができるように配慮すること」としているにもかかわらずである。

文部科学省が実施している学校基本調査㉔によると、公立小、中学校数は、少子化の影響が顕著で、ここ二十数年減少し続けている。一九九四年度から二〇一四年度の二十年間に、小学校三、八三二校、中学校八八九校が減少している。小学校15・7%、中学校8・1%の減少である。

一方で、特別支援学校は、九六八校から一、〇九六校へと一二八校（13・2%）増加し、小学校特別支援学級は四、八三五学級から三五、五六八学級で二〇、七三三学級（139・8%）、中学校特別支援学級は七、〇一四学級から一六、四八二学級で九、四六八学級（135・1%）と、ともに大幅な増加傾向にある。

また、特別支援学級の在籍者数は、小学校で四四、三一九人から一一九、〇二〇人に、中学校で二二、六三二人から五八、〇八一人へと、それぞれ29%、13%増加している。特別支援学校の在籍児童生徒数（小・中学部）も、五〇、四九一人（一九九三年度）から六七、一七三人（二〇一三年度）と33%（一六、六八二人）増加している。青森県内においても、全国と同じように学校数は減少しているにもかかわらず、自閉症・情緒障害特別支援学級は著しい増加傾向にある。

表３　青森県の自閉症・情緒障害特別支援学級

小学校		中学校	
2006 年	2014 年	2007 年	2014 年
86 学級	199 学級	43 学級	108 学級
113 学級増（＋ 131%）		65 学級増（＋ 151%）	

そして、通常学級に在籍しながら必要に応じて特別な教室で指導を受ける「通級による指導」も、文部科学省の「通級による指導実施状況調査」によると、制度化された一九九三年度は、小学校一一、九六三人、中学校二九六人であったが、二〇一三年度には、小学校で5・9倍（七〇、九二四人）、中学校で23・5倍（六、九五八人）と大幅に増加している。増加の多くは、学習障害（ＬＤ）や注意欠陥多動性障害（ＡＤＨＤ）など発達障害である。

少子化が進むなかで、なぜ特別支援学校や特別支援学級で学ぶ子どもたちが増えているのか。その理由として考えられるのは、次のようなことである。

⑴個別の教育支援計画や個別の指導計画を作成し、一人一人の障害の状況に応じた適切な指導や支援を行う特別支援教育への理解が深まった。

⑵進路選択に関する丁寧な指導と、学校卒業後のアフターケアについての評価が高まった。

⑶特別支援教育では、学級編制の児童生徒数が少なく、わずかの人数増で学級増となった。

⑷診断基準が整備され、発達障害の診断を受ける子が増加した。

⑸特別な教育的ニーズのある子どもたちの教育は、障害や指導に関する知識や指導法などの専門性を有する教員が個別的に指導することで充実したものになると考える教員が多い。

⑹多様な学びの場を用意すると言いながら、障害のない子と同じペースで同じように活動できないと、通常学級では、なかなか受け入れてもらえない。

しかし、⑴、⑵は通常学級でもそうでなければならないことであり、⑶は⑷~⑹が無ければ生じないことである。⑷であるから直ちに特別支援学級・学校への入級、入学とはならない。そうでないと、障害の状態やその変化を踏まえ、保護者や専門家から意見を聴き、総合的な観点で、判断し、就学先を決定するという仕組みに改めたことに齟齬をきたすことになる。⑷~⑹を理由とするものであるなら、インクルージョンの流れに逆行する新たな分離教育の始まりか、と心配になる。

通常学級で障害のある子どもたちの指導にかかわる教員の意識が、専門性を理由（というより、隠れ蓑にしてといっては言い過ぎだろうか）に、「障害のある子どもたちの指導は、専門の場で専門性を持つ教員によって指導されることで、将来の社会的自立に向けた知識・技能を身に付けることができる」との考えに向かわないことを願わずにはいられない。

そのためにも、障害のある子どもたちの指導に当たる学校現場の教員に、「行政はあれこれ理想的なことを言う。人的及び物的な適切な条件整備をせずに学校現場に丸投げしてくる。そして、結果が思わしくないと、その責任をすべて学校現場に押し付けてくる」という思いを抱かせ、「インクルーシブ教育には総論賛成、各論反対」という考えを持たれないように、行政サイドによる積極的かつ十分な基礎的環境整備を期待したい。そして各学校には、子どもたちの発達や障害の状況に適切に対応するための合理的配慮を確実に行うように努めることを求めたい。

そうした取り組みが、心のバリアフリーをはぐくみ、実行する力を培うと確信する。まずは、障害があってもなくても、地域の子どもとして地域の学校で共に学べる環境を整備し、一緒に学び合うことで出てくる様々な課題を、障害のある子とない子が一緒になって考え、解決する経験を積み重ねていくことである。そのような活動を通して、それぞれの特性に配慮し、個別的なニーズをもとに子どもたちの潜在的な力を引き出す教育システムを作りあげていく。もちろん、課題解決には多くの時間が必要であるし、苦しいことも多いだろう。しかし、そうした学び合いの時間を過ごすことでしか、お互いが認め合い、助け合い、共に生きていくための「生きる力」を育てていくことはできないと思う。

六　おわりに

びわこ学園の医師である高谷清が著した『重い障害を生きるということ』（高谷、二〇一一：二－三）に次の文章がある。

心身に重い障害のある人は、身体障害が重く「ねたきり」の状態であり、知能（精神発達）の障害も重く、自分では何も考えず、何もできないようにみえる。ただ人の世話によって存在しているだけのように思える。もちろん誰もがもっている「いのち」を生きている。この人たちにあるのは「いのち」だけであると言える。

この人たちが大事にされるということは、「いのち」が大事にされるということであり、この人たちが粗末にされるということは、「いのち」が粗末にされるということになる。

真の心のバリアフリーは、重い障害のある子どもたちに接したときにこそ問われる。どんなに重い障害があっても、「いのち」が粗末にされることはあってはならないのである。重い障害のある子どもたちであっても、生きていること、それ自体に意味があり、そのことによって、その人なりの社会的活動をしているのであり、自己実現の状況にあるといえる。そのことを、重い心身の障害のある男の子とチエ子さんという少女の出会いが教えてくれる（前掲書：一一）。

同じ大津市に「湘南学園」という養護施設がある。そこでは親の死亡や病気などのために、家庭で生活できない子が生活しているのであるが、なかには親に棄てられ大人（人間）への信頼を失わされてしまっている子もいる。その子ら数名に、「びわこ学園」で泊まりがけのボランティアをさせてほしいとの依頼が湘南学園施設長からあった。

チエ子は、そんな子のひとりであった。そのチエ子が折り紙でツルを折って、上を向いて「ねたきり」の状態にある重い心身の障害のある男の子の手に渡したとき、筋肉の緊張のために、彼はそのままグチャと握りつぶしてしまった。傍にいて、それを見ていた養護施設の職員は恐怖が走ったという。このようなときチエ子は叫び、乱暴する。一瞬の後、チエ子は黙ってもう一つのツルを折りだした。重い障害をもって生きる彼らの前では、人は「ありのまま」の本当の自分になるようだ。

学校教育において、インクルーシブ教育が一層推進され、心のバリアフリーを育む教育が充実することは、障害のある人々だけでなく、高齢者や妊産婦など弱い立場に置かれることの多い人々をも含め、すべての人が助け合って生きる住みよい社会を作ることにつながっている。

今年は、「社会福祉の父」と呼ばれ、我が国の障害者福祉を切り開いた代表的な人物として知られる糸賀一雄[25]生誕百周年の記念すべき年である。

以下は、『福祉の思想』で述べている糸賀の強い思いである（糸賀、一九六八：一七七）。

この子らはどんなに重い障害を持っていても、だれととりかえることもできない個性的な自己実現をしているものなのである。人間と生まれて、その人なりの人間となっていくのである。その自己実現こそが創造であり、生産である。私たちのねがいは、重症の障害を持った子供達も立派な生産者であるということを、認めあえる社会をつくろうということである。『この子らに世の光を』あててやろうというあわれみの政策を求めているのではなく、この子らが自らが輝く存在そのものであるから、いよいよみがきをかけて輝かそうというのである。『この子らを世の光に』である。この子らが生まれながらにしてもっている人格発達の権利を徹底的に保障せねばならぬということなのである。

改めて、『この子らを世の光に』である。この子らが生まれながらにしてもっている人格発達の権利を徹底的に保障せねばならぬということなのである」という言葉をかみしめたい。

注

1　**障害の表記について**　「障害」の「害」は負のイメージが強いとして、最近は「障がい」と表記する例が多数見られる。しかし、現段階で、表記や使用法について基準となる統一されたものはない。「障害」、「障がい」、「障碍」、「障礙」のいずれの表記を用いるかについては、立場の違いにより様々な意見がある（内閣府の「障がい制度改革推進会議」第26回会議（Ｈ22・11・22）に提出された資料２『「障害」の表記に関する検討結果について』に詳しい）。

本稿では、「害」の字を用いることに、不快感を持つ方がいることは承知しているが、法律・行政用語として「障害」が用いられることが多く、また、「害」と「がい」が混在することで、不要な誤解や混乱を生じないようにしたいとも考え、「障害」と表記することにした。

なお、「障害」を使用することで、差別、偏見を助長するつもりは全くない。いずれの表記法を用いるにしても、差別観、偏見を持たずに、互いの人権を認め合いながら助け合う関係にあるという認識を共有できていれば良いと考える。そして、障害のある人々が安全、安心して生活できる住みやすい社会を築くことを応援する姿勢を大事にしたい。資料２は、内閣府の左記ＵＲＬで参照できる。

http://www8.cao.go.jp/shougai/suishin/kaikaku/s_kaigi/k_26/pdf/s2.pdf　2014. 4. 1参照

2　**インクルーシブ教育**　すべての子どもたちが同じ学びの場で共に学ぶことを追求し、その時点での教育的ニーズに的確に応える指導を行うとする教育。

なお、インクルージョンとは人生及び社会のあらゆる場面で分けられないこと、区別されないことで、包括を意味する。

3　**共生社会**　内閣府では、共生社会を「多様な個人が能力を発揮しつつ、自立して共に社会に参加し、支え合う社会」とし、共生社会実現の「道しるべ」・目指すべき社会の姿－５つの視点－として、１．各人が、しっかりした自分を持ちながら、帰属意識を持ちうる社会　２．各人が、異質で多様な他者を、互いに理解し、認め合い、受け入れる社会　３．年齢、障害の有無、性別などの属性だけで排除や別扱いされない社会　４．支え、支えられながら、すべての人が様々な形で参加・貢献する社会　５．多様なつながりと、様々な接触機会が豊富にみられる社会を挙げている。

「共生社会」の提唱－共に生きる新たな結び合い－に詳しい。本文は内閣府の左記ＵＲＬで参照できる。

http://www8.cao.go.jp/souki/tomoni/　2014. 10. 10参照

また、中央教育審議会初等中等教育分科会特別支援教育の在り方に関する特別委員会が取りまとめた「共生社会の形成に向けたインクルーシブ教育システム構築のための特別支援教育の推進（報告）」（2012. 7. 23）では、「これまで必ずしも十分に社会参加できるような環境になかった障害者等が、積極的に参加・貢献していくことができる社会である。それは、誰もが相互に人格と個性を尊重し支え合い、人々の多様な在り方を相互に認め合える全員参加型の社会である。」と定義している。

「報告」は、文部科学省の左記URLで参照できる。

http://www.mext.go.jp/b_menu/shingi/chukyo/chukyo3/044/houkoku/1321667.htm　2012. 7. 30参照

4　**リフレーミング**　ある出来事や状況について、今見ている枠組み（フレーム）とは異なる視点から枠組みし直すこと。柔軟で多様な認識を導き出そうとする心理療法等で用いる発想法の一つ。肯定的意味づけともいう。

5　**セルフエスティーム**　「自分自身を大切にする」ことを意味し、一般には、「自尊感情」、「自己肯定感」、「自己有能感」などと表現される。「自己安定感」と表現する場合もある。

6　**「みんな違う　いじめないで」**　記事全文は、NPO法人日本インクルーシブ教育研究所（代表　中谷美佐子）のブログ「発達障害は『理解とサポート』があれば個性になる！」に掲載されている（二〇一三年九月二日付記事）。

http://ameblo.jp/inclusionclass/　2014. 8. 10参照

7　**例えば**　画家パブロ・ピカソについて、星野（2010:230-231）は、「落ち着きがなく、勝手に教室を歩き回って、よく怒られていた」「子どものうちは読み書きや計算が全くできなかった」「何か思いついても、それをやり終える前に、すぐに別のことをはじめる」「自己主張が強く、何事も白黒をはっきりさせないと気がすまない」「物忘れもひどく、すぐに忘れてしまう」等々、紹介している。

8　**境界線知能**　一般的に使用されている知能検査（ウェクスラー式等）では、知能指数（ＩＱ）の平均が100、標準偏差（standerd deviation：ＳＤ）15の正規分布を示すとされている。平均値より1標準偏差分低い値である85を正常下限とし、2標準偏差低い70をもって、知的能力の障害の基準としているが、境界線知能はその間にある71～84を指す。

9　**アドラー心理学**　オーストリアの精神科医アルフレッド・アドラー（A.Adler）が創始し、後継者たちが発展させてきた心理学の理論、実践の体系。日本アドラー心理学会では、「正式名称は、個人心理学（Individual Psychology）であるが、個人心理学というと、個人を細かく分析したり個人のみに焦点を合わせるように誤解されやすいことから、我が国ではほとんど使われることはない」としている。

10　**特別支援教育の理念**　二〇〇七年四月一日の「19文科初第125号　特別支援教育の推進について（通知）」で、「特別支援教育の理念」が示されている。通知全文は、文部科学省の左記ＵＲＬで参照できる。
http://www.mext.go.jp/b_menu/hakusho/nc/07050101.htm　2007. 4. 1参照

11 **インテグレーション**　統合教育と訳される。心身に障害のある子どもたちを、障害のない子どもたちと一緒に教育すること。場の統合という側面が強い。

12 **メインストリーミング**　障害のある子どもたちを「主流の」障害のない子どもたちと同じ学校生活の中で、区別することなく共に生活させようという考え。

13 **ソーシャルインクルージョン**　社会的包容力、社会的包摂などと訳される。社会的に孤立しやすい障害のある人々や、社会的に排除される可能性のある人々を、隔離排除するのではなく、すべての人が社会的なつながりの中で共に助け合い、支えあうとする考え方。

14 **サラマンカ声明**　スペインのサラマンカに92か国の政府および25の国際組織を代表する参加者が集まり、「万人のための教育（Education for All）」のさらなる前進に向けて、インクルーシブ教育の促進に必要な基本的政策の転換について検討した「特別なニーズ教育に関する世界会議：アクセスと質」（ユネスコ・スペイン政府共催、一九九四年）において出された、通常の学校における障害のある子どもたちのインクルージョンを求めた初めての国際的法律文書。

　サラマンカ声明の全文は、「前書き」のほか、「特別なニーズ教育における原則、政策、実践に関するサラマンカ声明」、「特別なニーズに関する行動のための枠組み」から成る。全文（訳文）は、国立特別支援教育総合研究所の特別支援教育法令等データベースの左記ＵＲＬで参照できる。
http://www.nise.go.jp/blog/2000/05/b1_h060600_01.html　2014. 10. 1参照

15 **障害者権利条約**　我が国でも二〇〇七年九月に署名するとともに、障害者基本法の一部改正（二〇一一年）を手始めに、障害者虐待防止法（二〇一一年成立　二〇一二年十月一日施行）、障害者総合支援法（二〇一二年成立　二〇一三年四月一日施行）と批准に向けた国内法の整備を進め、障害者差別解消法（二〇一三年制定　二〇一六年四月一日施行予定）の制定を以て、二〇一三年末に国会で批准を承認し、本年（二〇一四）一月二十日に国連に批准書を寄託することで批准手続きを完了（二月実効）している。

条約本文（和文）は、外務省の左記ＵＲＬで参照できる。
http://www.mofa.go.jp/mofaj/gaiko/page22_000599.html　2014. 1. 20参照

障害者基本法の第16条（教育）　国及び地方公共団体として、「障害者が、その年齢及び能力に応じ、かつ、その特性を踏まえた十分な教育が受けられるようにするため、可能な限り障害者である児童及び生徒が障害者でない児童及び生徒と共に教育を受けられるよう配慮しつつ、教育の内容及び方法の改善及び充実を図る等必要な施策を講じ」ること、「障害者である児童及び生徒並びにその保護者に対し十分な情報の提供を行うとともに、可能な限りその意向を尊重」すべきこと、「障害者である児童及び生徒と障害者でない児童及び生徒との交流及び共同学習を積極的に進めることによって、その相互理解を促進」すべきこと、「障害者の教育に関し、調査及び研究並びに人材の確保及び資質の向上、適切な教材等の提供、学校施設の整備その他の環境の整備を促進」すべきことが規定されている。法律全文は内閣府の左記ＵＲＬで参照できる。
http://www8.cao.go.jp/shougai/suishin/kihonhou/s45-84.html　2013. 4. 10参照

障害者虐待防止法　国や地方公共団体、障害者福祉施設従事者等、使用者などに障害者虐待の防止等のための責務を課すとともに、障害者虐待を受けたと思われる障害者を発見した者に対する通報義務を課すなど、障害者の権利利益の擁護を目的としている。法律全文は厚生労働省の左記ＵＲＬで参照できる。
http://www.mhlw.go.jp/stf/seisakunitsuite/bunya/hukushi_kaigo/shougaishahukushi/gyakutaiboushi/index.html
?PHPSESSID=996abbebf9edb91c6e760f8f54a4a799　2013. 10. 1参照

障害者総合支援法　二〇一三年四月一日から、「障害者自立支援法」を「障害者総合支援法」とするとともに、障害者の定義に難病等が追加された。また、二〇一四年四月一日から、重度訪問介護の対象者の拡大、ケアホームのグループホームへの一元化などが実施されている。法律全文は厚生労働省の左記ＵＲＬで参照できる。
http://www.mhlw.go.jp/stf/seisakunitsuite/bunya/hukushi_kaigo/shougaishahukushi/sougoushien/　2013. 4. 9参照

障害者差別解消法　国連の「障害者の権利に関する条約」の締結に向けた国内法制度の整備の一環として、全ての国民が、障害の有無によって分け隔てられることなく、相互に人格と個性を尊重し合いながら共生する社会の実現に向け、障害を理由とする差別の解消を推進することを目的として、二〇一三年六月、「障害を理由とする差別の解消の推進に関する法律」（いわゆる「障害者差別解消法」）が制定された（施行は一部の附則を除き二〇一六年四月一日）。法律全文は内閣府の左記ＵＲＬで参照できる。
http://www8.cao.go.jp/shougai/suishin/sabekai.html　2013. 8. 19参照

16　**特別な教育的ニーズをもつ子どもたち**　「特別なニーズ教育における原則、政策、実践に関するサラマンカ声明」とともに採択された「特別なニーズに関する行動のための枠組み」において、「障害児や英才児、ストリート・チルドレンや労働している子どもたち、人里離れた地域の子どもたちや遊牧民の子どもたち、言語的・民族的・文化的マイノリティーの子どもたち、他の恵まれていないもしくは辺境で生活している子どもたちも含まれる」として、特別な教育的ニーズが障害もしくは学習上の困難からもたらされるすべての子どもたちであるとしている。

「特別なニーズに関する行動のための枠組み」は、国立特別支援教育総合研究所の特別支援教育法令等データベースの左記ＵＲＬで参照できる。

http://www.nise.go.jp/blog/2000/05/b1_h060600_01.html　2014. 10. 1参照

17　**合理的配慮**　前出３の「報告」において、「障害のある子どもが他の子どもと平等に『教育を受ける権利』を享有・行使することを確保するために、学校の設置者及び学校が必要かつ適当な変更・調整を行うことであり、障害のある子どもに対し、その状況に応じて、学校教育を受ける場合には個別に必要とされるもの」「学校の設置者及び学校に対して、体制面、財政面において均衡を失した又は過度の負担を課さないもの」と定義している。障害者権利条約における「reasonable accommodation」の訳語であり、障害のある子どもたちが、障害のない子どもたちと共に学ぶ際に必要で望ましい個別的な配慮や指導を意味する。

障害者権利条約において、「合理的配慮」の否定は、障害を理由とする差別に含まれるとされていることに留意したい。

なお、「合理的配慮の観点」の項目として、中央教育審議会合理的配慮等環境整備検討ワーキンググループ報告（2012. 2. 13）において、(1)教育内容・方法、(2)支援体制、(3)施設・設備が示されている。ワーキンググループ報告の概要は、文部科学省の左記ＵＲＬで参照できる。

http://www.mext.go.jp/b_menu/shingi/chukyo/chukyo3/046/attach/1316182.htm　2012. 3. 1参照

18　**基礎的環境整備**　同じく「報告」において、「障害のある子どもに対する支援については、法令に基づき又は財政措置により、国は全国規模で、都道府県は各都道府県内で、市町村は各市町村内で、教育環境の整備をそれぞれ行う。これらは、『合理的配慮』の基礎となる環境整備であり、それを『基礎的環境整備』と呼ぶこととする」と定義している。

中央教育審議会合理的配慮等環境整備検討ワーキンググループ報告では、(1)ネットワークの形成・連続性のある多様な学びの場の活用、(2)専門性のある指導体制の確保、(3)個別の教育支援計画や個別の指導計画の作成等による指導、(4)教材の確保、(5)施設・設備の整備、(6)専門性のある教員、支援員等の人的配置、(7)個に応じた指導や学びの場の設定等による特別な指導、(8)交流及び共同学習の推進を挙げている。

19 **多様で柔軟な仕組み**　その一つが、域内のすべての子ども一人一人の教育的ニーズに応えるために、支援地域内の教育資源（幼、小、中、高、特別支援学校、特別支援学級、通級指導教室）の組合せにより、それぞれ単独ではできないことや足りないところを補いながら一人一人の教育的ニーズに応えようとするものである。域内の教育資源の組合せ（スクールクラスター）のイメージ図を、文部科学省の左記ＵＲＬで参照できる。
http://www.mext.go.jp/component/b_menu/shingi/giji/_icsFiles/afieldfile/2012/05/02/1320689_3.pdf　2014. 10. 1参照

20 **インクルーシブ教育の対象**　サラマンカ声明、ユネスコの政策文書（二〇〇三）等から、障害のある子だけではなく、世界中のすべての子どもたちが対象となることは明らかである。ユネスコの政策文書（二〇〇三）では、「（特別のニーズを有する）学習者の一部がいかにして主流の教育に統合していくか、という周辺的な課題のことではなく、教育システム全体をいかにして学習者の多様性に対応するように変容させていくかを模索する方向性である」と述べている。黒田（二〇〇七）に詳しい。

21 **交流及び共同学習**　小・中学校等や特別支援学校の学習指導要領等に、障害のある子どもと障害のない子どもが活動を共にする機会を積極的に設けるよう示されている。「交流及び共同学習」は、相互のふれ合いを通じて豊かな人間性を育むことを目的とする交流の側面と、教科等のねらいの達成を目的とする共同学習の側面があることを明確に表した用語である。

22 **梅津八三**（1906. 12. 5 – 1991. 1. 5）花巻市生まれ。教育心理学者。東京大学文学部名誉教授。盲ろう二重障害者の言語行動形成についての心理学的研究を行うなど、実験心理学を応用した障害者教育法を確立した。重複障害教育の先導者の一人。

23 **宮澤章二**（1919. 6. 11 – 2005. 3. 11）羽生市出身。詩人・作詞家。「ジングルベル」の訳詞者としても知られる。

24 **学校基本調査**　文部科学省において、学校教育行政上の基礎資料を得ることを目的に、毎年度五月一日を基準日として、学校教育法で規定されている学校、市町村教育委員会を対象に、学校数、在学者数、教職員数、学校施設、学校経費、卒業後の進路状況等、学校に関する基本的事項の調査が行われている。調査結果は、文部科学省の左記ＵＲＬで参照できる。
http://www.mext.go.jp/b_menu/toukei/chousa01/kihon/kekka/1268046.htm　2013. 10. 1参照

25 **糸賀一雄**（1914. 3. 29 –1968. 9. 18）鳥取市生まれ。知的障害児施設「近江学園」の創設をはじめ、重症心身障害児施設「びわこ学園」の創設など、障害者の福祉と教育に一生を捧げた。一〇六八年、滋賀県主催の研修会において、「施設における人間関係」のテーマで講義中に心臓発作で倒れ、帰らぬ人となった。五十四年の短い生涯であった。糸賀の残した「この子らを世の光に」は有名である。

引用・参考文献

赤座憲久（一九六一）『目の見えぬ子ら』岩波新書．

中央教育審議会初等中等教育分科会特別支援教育の在り方に関する特別委員会（二〇一二）「共生社会の形成に向けたインクルーシブ教育システム構築のための特別支援教育の推進（報告）」

独立行政法人国立特別支援教育総合研究所（二〇〇〇）「サラマンカ声明（訳文）」

外務省（二〇一四）「障害者の権利に関する条約（和文訳）」

星野仁彦（二〇一〇）『発達障害に気づかない大人たち』祥伝社新書．

今枝史雄・楠敬太・金森裕治（二〇一二）「通常の小・中学校における障害理解教育の実態に関する研究（第Ⅰ報）―実施状況及び教員の意識に関する調査を通して―」『大阪教育大学紀要』第Ⅳ部門，教育科学61（2），63‐76．

今枝史雄・楠敬太・金森裕治（二〇一三）「通常の小・中学校における障害理解教育の実態に関する研究（第Ⅱ報）―障害種別に見る実施状況の分析を通して―」『大阪教育大学紀要』第Ⅳ部門，教育科学62（1），75‐85．

糸賀一雄（一九六八）『福祉の思想』日本放送出版協会．

河合紀宗・深山翔平（二〇一一）「小学校における障害理解教育の在り方に関する研究―通常学級における障害告知の実態把握調査を通して―」『広島大学大学院教育学研究科紀要』第一部，60，109‐117．

久保山茂樹（二〇〇九）「友だちをわかろうとすること，自分を知ろうとすること―交流及び共同学習や障害理解授業で子どもたちが学ぶもの―」，平成十八～二十年度科学研究費補助金基盤研究(C)報告書，独立行政法人国立特別支援教育研究所．

黒田一雄（二〇〇七）「障害児とＥＦＡ―インクルーシブ教育の課題と可能性―」『広島大学教育開発国際協力研究センター国際教育協力論集』10（2），29‐39．

楠敬太・金森裕治・今枝史雄（二〇一一）「児童の発達段階に応じた系統的な障害理解教育に関する実践的研究―教育と福祉の連携を通して―」『大阪教育大学紀要』第Ⅳ部門，教育科学60（2），29‐38．

宮澤章二（二〇一〇）『行為の意味　青春前期のきみたちに』ごま書房新社．

文部科学省（二〇〇七）「特別支援教育の推進について（通知）」

文部科学省（二〇〇八）「交流及び共同学習ガイド」（http://www.mext.go.jp/a_menu/shotou/tokubetu/010/001.htm 2014.10.1）

文部科学省（二〇一三）「平成25年度通級による指導実施状況調査（調査結果）」（http://www.mext.go.jp/a_menu/shotou/tokubetu/

material/_icsFiles/afieldfile/2014/03/14/1345110_1_1.pdf　2014.7.1)

内閣府（二〇〇五）「共生社会」の提唱―共に生きる新たな結び合い―（http://www8.cao.go.jp/souki/tomoni/ 2014.10.10)

中村義幸（二〇一一）「障害理解の視点―「知見」と「かかわり」から―」『佛教大学教育学部学会紀要』10，1－10

芝田裕一（二〇一三）「人間理解を基礎とする障害理解教育のあり方」『兵庫教育大学研究紀要』43，25－36．

高谷　清（二〇一一）『重い障害を生きるということ』岩波新書．

柘植雅義（二〇一四）「筑波大附属大塚特別支援学校通信　平成26年度校長室だより⑥）」（http://www.otsuka-s.tsukuba. ac.jp/page1_1.html 2014.10.30)

梅津八三（一九七八）「研究委員会企画特別講演　各種障害事例における自成信号系活動の促進と構成信号系活動の形成に関する研究―とくに盲ろう二重障害事例について―」『教育心理学年報第17集』，101－103．

余村泰樹（二〇一三）「みんな違う　いじめないで」，中国新聞「くらし欄記事（二〇一三年九月二日付）」（http://ameblo.jp/inclusionclass/ 2014. 8. 10)

〈公開講座報告〉平成24年度文学フォーラム

青森／青春の風景

記録　生島美和

青森の「青」は、青春の「青」。

深い雪に閉ざされる冬、雄大な山々に見下ろされる広く豊かな土地。そしてそれらから生み出される心象風景・・・青森で過ごした若者たちの青春は、近現代の文学作品や研究成果に様々な形で反映されています。

第一回となる「文学フォーラム」では、「青森の、青春の風景」という共通テーマのもとで、弘前学院大学文学部に所属し、日本文学、英米文学、知覚心理学のそれぞれを専門とする三人の教員がわかりやすくお話します。一見すると専門の研究分野はばらばらですが、いずれも人間について考える点では同じです。三人の話がどのように結びつき、どのような化学反応を見せるのか――様々な「青森の青春」の姿をご自身の目と耳で感じ、確かめてみて下さい。

（開催告知チラシより）

一、はじめに

本公開講座（「文学フォーラム」）は、二〇一三年一月二十六日午後に弘前市民会館大会議室において開催された。参加者は市内外から三十名ほどであった。同じ文学部内とはいえ、英語・英米文学科、日本語・日本文学科、そして教養科目を担当する教員が、こうして一つのテーマについて顔を突き合わせることは普段の大学の授業ではなかなかできることではなく、公開講座ならではの企画となった。なお実施にあたっては、学園都市ひろさき高等教育機関コンソーシアムを通じて弘前市からの事業補助を受けた。

進行は次のとおりである。まず、川浪亜弥子准教授（英文学）、井上諭一教授（日本近現代文学）、佐々木正晴教授（知覚心理学）の三名の登壇者からそれぞれ約二十分の研究報告をいただいた。その後、同じく文学部で日本近世文学を担当する三浦一朗准教授がコーディネーターとなり、報告をもとにフロアからの質疑を受けディスカッションを行った。

以下では、各登壇者の報告内容と議論の様子、および参加者の反応についてまとめる。なお本記録は、当日に総合司会を務めた生島が音声データを聞き起こしながら再編集を行い、登壇者・コーディネーターとの協議の上で執筆したものである。

二、報告

(1)「シェイクスピアの『ハムレット』と太宰治の『新ハムレット』」——川浪亜弥子（英文学）

『ハムレット』はイギリスの劇作家シェイクスピアの四大悲劇の一つである。シェイクスピアは共作も含め四十一の劇を書いているが、その中でも、『ハムレット』『マクベス』『リア王』『オセロ』は四大悲劇と呼ばれる

川浪亜弥子准教授

ものであり、その中でも『ハムレット』は壮大なスケールを持った作品である。

太宰治はその『ハムレット』を下敷きとし、一九四一年に『新ハムレット』を書いた。太宰は、当時出版されていた坪内逍遥訳を参考にしたようであるが、前書きで述べているように「朗読劇／劇的小説」つまり読み物として味わうものと述べている。原作から内容はかなり変更されているが、登場人物はほぼ同じ名前である。注目すべき共通点として「ハムレット」という苦悩する青年を主人公としていること、有名な台詞“To be, or not to be”を英語のまま使用していることが挙げられる。本報告では、この“To be, or not to be”のフレーズを軸にして二つの作品を比較していくことにしたい。

まず、『ハムレット』の簡単なあらすじを紹介する。舞台はデンマーク。王が急死したことにより、王の弟クローディアスは、未亡人となった王妃ガートルードと結婚して王位を継ぐ。ガートルードの息子である王子ハムレットは、父の死と母の早すぎる再婚を憂い悲しみに沈んでいる。そうしているうちに、父の亡霊が夜な夜な城壁に現れて、ハムレットに「自分の死はクローディアスによる毒殺だった」と告げる。ハムレットは復讐を誓うが、その意図を隠すために狂気を装う。クローディアスに仕えるポローニアスは、当初、ハムレットの狂気は自分の娘オフィーリアへの実らぬ恋から来ていると察する。ある時、城に劇団がやってくる。ハムレットは王殺しの芝居をやることを依頼し、その様子で父が毒殺された証拠をつかむ。一方ポローニアスはハムレットを見張るなかで、その母であるガートルードとの会話を盗み聞きしていたところ、ハムレットに気付かれた上、クローディアスと間違われて刺殺された。オフィーリアは悲しみのあまり、気が狂い、やがて溺死する。ポローニアスの息子レアティーズは父と妹の仇をとろうと怒りを燃やす。ハムレットの存在に危険を感じたクローディアスはレアティーズと結託し、ハムレットを剣術試合に招き、毒剣と毒入りの酒でひそかに殺そうとする。しかし試合のさなか、王妃が毒入りと知らずに酒を飲んでしまい、ハムレットとレアティーズは毒剣で傷を負う。死にゆくレアティーズから真相を聞かされたハムレットは、王を殺して復讐を果たしながらも自身もまた死んでいくことになる。最期、事の顛末を友人のホレイショーに話し死後のことを託す。

ハムレットは、亡霊が出て来る前から異様な雰囲気を察し、憂い沈んだ様子で登場する。それが最もよく表現されている箇所が“to be, or not to be/That is the question”である。シェイクスピアの劇の多くは五幕で構成されるが、この台詞が出てくるのはちょうど真ん中の三幕一話である。そこを細かく見ていくと、なぜハムレットがそこまで悩んでいるのかを読み取ることができそうであるが、それは非常に複雑であり、次のようにこれまで様々に訳されている。

・坪内　逍遥（一九〇九）：「世に在る、在らぬ、それが疑問じゃ」
・市河　三喜（一九四九）：「生きるか、死ぬか、そこが問題だ」
・福田　恆存（一九六七）：「生か死か、それが疑問だ」
・小津　次郎（一九六八）：「やる、やらぬ、それが問題だ」
・小田島雄志（一九七二）：「このままでいいのか、いけないのか、それが問題だ」

このように見ると、母の再婚を嘆いているのか、復讐を悩んでいるのか、訳者によって悩みの捉え方が異なることが分かる。そのため、前後の文脈を検討することが必要である。関係箇所をここで訳すと次のようになる。

このままでいいのか、いけないのか、それが問題だ。どちらが立派な生き方か、このまま心の内に暴虐な運命の矢や弾をじっと耐え忍ぶことか。それとも寄せ来る苦難に敢然と立ち向かい戦ってそれに終止符を打つことか。死ぬ、眠る、それだけだ。眠ることによって終止符は打てる。心の悩みにも肉体に付きまとう数々の悩みにもそれこそ願ってもみない終わりではないか。死ぬ、眠る。眠る、おそらくは夢を見る。そこだ、つまずくのは。この世の煩いからかろうじて逃れ、眠りにつきそこでどんな夢を見るのか。それがあるから躊躇うのだ。それを思うから苦しい人生をいつまでも長引かせるのだ。（報告者訳）

これを見ると、始めは母の早すぎる再婚や叔父の後継に対し不満を感じ、生きていてつまらない、復讐をしろと言う亡霊からの重荷に耐えかねている、と捉えられる。しかし後には、主語を"we"とし、自分自身ではなく「みんなに共通する悩み」として、生きていることが苦しく耐えられない、しかし眠る（死ぬ）としても夢を見ると思うと怖い、といった、存在すること自体が怖いという人間の普遍的な悩みに至っているのである。

実際に、悩むハムレットの姿はいろいろな様相で現れている。例えば、第一幕では喪服を着用することで父の死と母の再婚に対する疑念を表している。「だが私の心のなかには、見せ掛けを超えるものがある。このような目に見えるものは、悲しみの飾り、うわべだけにすぎないのです」といい、目に見える以上に深い悩みがあることを述べている。また父の亡霊と復讐の誓いをするなかで、毒殺の真偽についての疑念とともに、世の中がどこか狂っていることへの確信を持つ。「今の世の中は関節が外れている、浮かぬ話だ、それを正すべく俺はこの世に生を受けたのだ。」すなわち、復讐以上に大きな役割を担っている、と言っている。さらに彼は狂気を装う劇中劇を行う。そこで彼は「人間は存在している限り苦悩し続ける。偽りと真実、悪と善が見分けがたい困難な人生と向き合い覚悟し決断するには、真偽が表裏一体となり、これらの方策を持っていかに行動すべきかを見極める」と言うのである。つまり"To be, or not to be"は、ハムレットが個人的な悩みから普遍的な悩みへと敷延していくことを示しているのである。

太宰の『新ハムレット』が原作と異なる点として三点が挙げられる。一点目はハムレットが周りの大人からいつまでも大人になりきれない甘えっ子として描かれているところである。ガートルードは「馬鹿な子です。根からの臆病者のくせに、無鉄砲なことばかりやらかしてお友達やオフィーリアには褒められるでしょうが、さて後の始末が自分では何も出来ないものですから、泣きべそをかいて、ひとりですねているのです。（中略）甘えっ子ですよ」と言っていることに見られる。二点目に劇中劇において、亡霊の出現の噂をもみ消そうと提案するのはまさにポローニアスなのである。このことによりポローニアスは、あくまでもハムレットと対極をなす計算高い大人として強調されている。三点目に“To be, or not to be”が持つメッセージが、純粋で熱狂的な青年が計算高く現実主義的な大人との間で葛藤するというものであり、これは太宰自身の姿の投影なのではないかと推察できるのである。

それを裏付ける文脈を太宰の自伝的小説である『津軽』（一九四四）のなかで見ることができる。そこでは、次のように言っている。

> 大人というものは侘しいものだ。愛し合っていても、用心して、他人行儀を守らなければならぬ。なぜ、用心深くしなければならぬのだろう。その答えは、なんでもない。見事に裏切られて、赤恥をかいたことが多すぎたからである。人は、あてにならない、という発見は、青年の大人に移行する第一課である。大人とは、裏切られた青年の姿である。

さらに『津軽』には「津軽」と「都会」という対立軸があるが、それは青年と大人の対立と重ねて見ることができる。

> 都会人として私《ママ》に不安を感じて、津軽人としての私をつかもうとする念願である。言いかたを変えれば、津軽人とは、どんなものであったか、それを見極めたくて旅に出たのだ。私の生き方を手本とすべき純粋の津軽人を捜し当てたくて津軽へ来たのだ。

小説の最後で育ての母である「たけ」に会うときには、母のような自然に触れるような安堵感が描かれている。「津軽への旅は心の中にある青春への旅」として考えられる。

このように見ると、太宰の『新ハムレット』に描かれたハムレットは、太宰の「青年」と「大人」の対立、大人になっていく苦悩とともに心の中に「青春時代」を持つ太宰だからこそ描けたハムレットの姿ではないだろうか。

青年時代の方も、青年時代を過ぎている方も、“To be, or not to be/That is the question.”を時々つぶやいてみてほしい。どのような問題が心に浮かぶだろうか。その問題に正面から向き合う時間も時には必要なのではないだろうか。

(2)「葛西善蔵から川上健一まで　―芸術作品に見る、青森の青春」――井上諭一（日本近現代文学）

井上諭一教授

小説を読むにあたり、その内容だけを理解していく読み方もあるが、私は内容だけでなく政治・経済・文化・科学技術など広い視点から捉えていく、いわば「社会全体は大きな物語を書いているようなもの」と包括的に読む立場をとる。本報告ではそうした観点から「青春（時代）」が、それぞれの時代に小説でどのように描かれ、それがその時代とどのように結びあっていたのかを考える。

メインに取り上げるのは、川上健一の文章である。川上は非常にみずみずしい文章を書く人で、最近では「再デビューしたようだ」と言われるくらい注目をされている。作品の一つ『翼はいつまでも』は一九六〇年代のことを数十年後に回想するという内容であるが、それが回想であることは小説の最後にならなければ明らかにされない。

まず、次の二つの文章を見てほしい。

①　僕たちが畑にいたのはグラウンドの問題が大きく関係している。僕たちの中学校は十和田市の市街地の南に広がっている畑のなかに新設された学校だ。青森県十和田市立南中学校。

②　杉本夏子は杉本内科病院の娘で、色白で長い黒髪のものすごい美人だ。（中略）美人で、学業、スポーツ、音楽となんにでも優れ、しかもスラリと背が高くてスタイルもよく、かといって偉そうな態度をみせることはなく、意地悪でもなく、すてきな笑顔を持っていた。先生たちも一目おいているような雰囲気があったし、学校中のマドンナだった。男子が彼女と話をするときにはみんな顔が真っ赤になる。劣等生

のぼくには、彼女はまぶしすぎる存在だった。

①では、小説の舞台を青森県十和田市としているが、このような人口増や街の拡散は、当時日本のどこにでも見られた光景である。また、②の女性の存在も、なにも青森でなくてもいい。そういう意味で、①、②では、ある「土地」が、どろどろした、暗い、怨念に結び付けられるには実に無縁の文章である。それどころか、次の③のように基地の存在などはある種有利にはたらいて、それが決定的な登場人物の人生の変更点になっている。

③　トランジスタラジオのアンテナを伸ばしてスイッチを入れた。ダイヤルはずっと三沢基地のアメリカ軍放送に合わせっぱなしにしてある。英語の歌をきくためだ。

④　布団に入ると、アメリカ軍放送が子守唄となってすぐに意識がもうろうとした。

この後、主人公・神山はある音楽を聴いて、髪の毛の先端までしびれさせ、一瞬のうちに心を奪われるわけだが、その歌がビートルズの「Please Please Me」である。一九六〇年代の主人公は「きっと日本の放送局で流すに違いない」と思うわけだが、東京の放送局は雑音で聞き取れない。青森の地方局に電波を合わせても英語の音楽自体流れてこない。深夜になると東京の放送局の電波がきれいに届くようになったが、やっぱり入らない。しかしアメリカ軍放送に戻すと、何度もかかる・・・基地の有無に関してはいろいろな問題があるため一概に良い悪いということではないが、大都市の放送で流行っていないものをここでは得られる、と言うようなことがあり、これが彼の人生の転機になっていることから見れば、むしろプラス面で書いてあるとしか読みようがない。

これらは青森でなければならないという積極的なイメージのもとにある。他にも、終盤で（何十年も後の回想だということが分かるので美化されていることになるのかもしれないが）「斉藤さん」が転校していくときに「神山君が好きだからッ」と言って去っていくところなどは、非常に「青春している」感じがあり、いわばエバーグリーン、全世界共通といっていいような青春像が描かれている。

三十年後の同期会、全校のマドンナであった杉本さんのアナウンスで紹介されたのは、出席できない代わりに届けられたボイスメッセージであり、その声は「神山君が好きだからッ」といった斉藤さんであった。

⑤　三年生の夏休みの途中に転校してしまった斉藤多恵です。同期会、おめでとうございます。あれから様々な幸運に恵まれて、現在はウィーンに住んでいます。同期会のことを知り、それこそ十和田に飛んでいきたかったのですが、ロンドンでの演奏会があり、出席がかなわずとても残念です。

ここでは、ウィーンとロンドンと十和田が横並び一線として描かれているのである。土地にまつわる暗い印象や、どこが「都市」であるとかといったことはほとんど無視されていると言っていい。そして⑥のように、斉藤さんにとっても、主人公に出会ったことは人生の転機であった。

⑥　本当に、あなたとであって幸運でした。いつも、どんなときにも、私の心の中で中学生のあなたがぎゅっと手をにぎって励ましてくれています。ありがとう、神山君。

こうして数十年を超えて、去って行く姿と聞こえて来る声とが、鮮やかに「神山くん」（と読者）の中で対比され、その場にいないはずなのに彼女が見えるというシーンで終わっている。小説全体でみると少し叙情的すぎるが、叙情的・情緒に満ちて捉えられた、正しい意味での lyrical（リリカル、詩的）な青森、が描かれているように思う。

同じく川上の『四月になれば彼女は』は、そうしたリリカルな青森の姿がもっとはっきり打ち出されている。話自体は高校を卒業した三日後の話である。

⑦　二瓶みどりは小学校五年生の時に札幌から転校してきた。札幌に本社がある大きな会社が十和田市に工場をつくり、彼女の父親が転勤になって移り住んだのだった。

⑧　「どっかにいってしまうんだ」
「札幌の大学に行くことになったの。お父さん、今年から札幌の本社に戻ることになって、もう一人で札幌に住んでいるの。それで大学も札幌にしたんだ。」

主人公・沢木と二瓶は小学校の頃を思い出し、クラスでタイムカプセルを埋めた場所に行く。

⑨「好きな人、って書くところ、あったよね」

⑩「私、沢木圭太、って書いたんだ」

⑪「俺は、二瓶みどり、って書いた」

このように、お互いがお互いのことを書いていることがこの時になってわかるわけだが、青森・十和田が、まるで奇跡のように「いい場所」として描かれている。その時にサイモン&ガーファンクルの「四月になれば彼女は」の歌が心のなかで流れるというのである。

この小説でも、『翼はいつまでも』と同じ構図で、このシーンは二十五年後に思い出される。

⑫あれから二瓶みどりに再会したことは一度もない。小学校のタイムカプセルを掘り起こす時に、僕は帰省しなかった。二瓶みどりもこなかったとクラスメートだった友人は言っていた。だから二瓶みどりはいつまで経っても記憶のなかの二瓶みどりなのだ。

⑬それでも二瓶みどりはずっと僕の中にいて消え去ることは無い。それは僕だけの一方的な思い込みにせよ、初恋の人だからに違いない。そして今も、二瓶みどりは「四月になれば彼女は」のメロディー中で、やさしく微笑んでいる。

これは非常に長い小説、というよりはむしろ長い長い叙情詩のような小説である。それは、かつてよく知られていた、なんとなく読まれているかつての青森の印象とは相当違うと思う。

では、青森県がかつてどのような言われ方をしていたのであろうか。寺山修司は、「わが故郷」において、「下北半島は斧の形をしている」とした後で、「ドストエフスキーの『罪と罰』を読んだとき、私は『これが青森県地図の由来か』と思わないわけにはいかなかった」と言っている。もちろん、そんなわけはなく、まるでドストエフスキーの『罪と罰』のように青森県の地図ができている、という意味である。つまり自分は、「加害者と被害者が地続きにあるようなとんでもないところで生まれた。」「兄は弟の首を絞め、子は母の脳天に斧を打ち込み、父は子を生きたまま麦畑に埋める。」などとある種おどろおどろしい認識を露呈するのだが、もちろん事実とも異なるし、論理的にも変である。（二〇一五年一月追記：余談だが、同じ地形についてアクションゲーム化した最近の「アオモリズム」を見ると、その明るい捉え方に安心する、というより寺山との落差に驚嘆する。）

寺山の有名な文章である「ああ、日本海」では「当時の貧しい農村では、農村の次男三男に生まれて、有名になろうとしたら相撲取りになるか民謡歌手になるしかなかったのだ。」と言っている。実は、先の川上健一の小説のなかにも「相撲取りになるかならないか」といった話が出てきたりするのであるが、それはあっさりと終わっている。寺山と川上は年代的にあまり変わらないが、この寺山の描く情景は一方の川上の、初恋の相手がクラシックの音楽家になっているといった話とずいぶんと異なる。さらに、

⑭ 日本海の冬はまるで地獄だ。それは悲しみと怒りにみちみちた反逆の海なのである。（当時、青森では吃音や対人赤面恐怖に悩む少年が、この冬の日本海に身を投げてよく自殺した。）

は極端な文章で、言い過ぎである。専門的には「手段（手法）が露呈している／あえてむき出しにされている」というが、饒舌に言いすぎることでむしろ逆のことを言おうとしているという見方が可能である。もちろん文章のとおりに読むこともできるため、少なくとも二重に読むことができるのである。

その点でいうと、現に寺山にも自分の少年時代をリリカルに描いた文章がある。例えば「サーカス」。

⑮ ああ、空に囀る鳥の声、峰より落つる滝の音。――ジンタのひびきにのってやってくる曲馬団の思い出。

川上らと比例する点で言うと、実際には青森県はリリカルに読まれていた、と捉えられる。

ずっと時代を遡ると、大正年間の葛西善蔵の小説「雪おんな」も非常に美しくリリカルな書き方になっている。また同じく葛西が少し後に書いた「馬糞石」という小説は、子どものような顔をした二十一の若い獣医が村で起こるいろいろな出来事を面白がって喜んでいる、とも読める。

さらに太宰治でさえ、(というより、彼はむしろ典型的かもしれないが、)自らを想起させるような小説「服装に就いて」のなかで、弘前高等学校の時に服装に凝り、義太夫を習ったことなどを言っている。『人間失格』などでうかつな読者が想像するような陰鬱な青春でもなかったことが分かるのである。

(3)「「論理の力」と「感性の力」はどこからくるのか?　―二人の少女:論理、感性の力の芽生え」
――佐々木正晴(知覚心理学)

佐々木正晴教授

二人の少女、とは当時本学の二年生であり、二人は逆さメガネあるいはピンホールメガネをかけて二日間生活した。

ところで、知覚系活動とは、見る、聞く、触れる、味わう、嗅ぐ、などであるが、ここでは「見る」活動に焦点を当てる。ガリレイが見たピサの斜塔から落ちるもの、ニュートンが見た小枝から落ちる林檎の実、そこで生まれた物理的法則も、観察、すなわち「見る」という活動に基づいている。

「見る」活動については歴史的にいくつかの問題が提出されている。古典的問題として知られている一つに「モリヌークスの問題」(Locke, 一六九〇)がある。生まれたときから眼の見えない人が、成長後初めて眼を開いたとき、何を見るのかという問題である。たとえば、仮に誕生直後からアイマスクをかけて生活し、二十歳の誕生日にアイマスクを外したとする、そのとき人は何を見るのか、という事態である。その根底には見ることが生まれつき備わっているのか、誕生後学習によりつくられるのか、という問題が横たわっている。

「モリヌークスの問題」に最初に実証的な解を与えたのはチェセルデン(Chesselden)の報告(一七二八)といわれている。その報告に登場する少年は先天性白内障(誕生時水晶体が混濁している眼疾患)で、十三歳のとき水晶体の混濁をとる手術を受け、初めて世界に向けて充分に眼を開いた。少年の眼前にいろいろなものを提示すると、空間が平坦で、事物が眼にくっついているように見えたという。通常、眼で見ると事物は身体から離れて存在しているのに。あるいは対象の大きさ、形状がどんなに違っても判断できず、日用品が提示されても手で触れれば即座にわかるそれらを眼で見てはわからなかったという。

チェセルデンの報告後、一九二三年にゲタッツ（Getaz）は、十八歳で先天性白内障の手術を受けた女性について、「彼女は確かに見たけれども、しかしそれは、さまざまな明るさの集まりのようなものでしかなかった」「彼女はこの奇妙な、新しい印象が目を通してやって来たものだということさえよくわからず、瞼を閉じるとそれが消えることを知って、初めて確かに眼からだと納得した」と報告している。

このように、「見る」ことの生理学的・医学的基礎が整えられても、人は「見る」ことができない。「見る」ためには、生理学的・医学的基礎＋αが必要であることがわかる。

われわれが出会った開眼女性ＳＭさんは先天性白内障で、十二歳のときに手術を受けた。彼女は手術を受ける前、手で触れれば即座にわかる平面的な形を眼で見てはわからなかった。当時麻酔技術はまだ充分ではなく、手術の際に激痛に襲われることを承知で、ＳＭさんは手術を受けることを決意した。手で触れれば即座にわかる「形」を眼で見たいという願いが十二歳の少女が手術を決意した理由であった。手術後、ＳＭさんは「形」がわかるようにはならなかった。われわれはその手術から十九年経過したときにＳＭさんに出会ったが、そのときも眼で「形」がわからなかった。十九年間、眼を開いており、十九歳の人と同じように見えるのであれば問題は深刻ではない。バルボ（Valvo）は、手術を受けて数年経過した人たちを追跡し、ＳＭさんと同じように時を経ても見えるようにならないことを報告している。ここに、このような手術を受けた人たちの真の問題がある。

われわれはＳＭさんの「見る」学習場面を変えることにした。当時の研究論文（鳥居、一九七九、一九八二）を見ると、対象を提示する際、固定装置に映し出して見せるのではなく、台紙に「形」を貼り付けてそれを両手に持って自由に見てもらうという場面を設定している。心理学実験では「条件を統制し、対象や顔を固定して見せるように」と教えられていたので、この方法は意外だった。次いで、「形」がわかるその前段階で、二次元面の方向がわかるようになるという。「形」がわかる基礎機能として、タテ・ヨコ・ナナメの方向がわかる力を備えなければならないというのである。「方向」の課題を行うと、正答率は、一回目は「チャンスレベル」(偶然正答する確率)であったが、二回目以降見る方式(視点を動かす方式)を自発的に生み出し、100%になった。「形」の課題に戻すと、SMさんはそれらを捉えることができた。十九年間眼を開いていてもわからずにいた「形」でも、学習場面の設定を変えると数十分でわかるようになることをSMさんは教えてくれる。

このような状況を進んだSMさんの「青春」は何だろう――

ところで、このような開眼手術を受けた人たちにできない実験がある。それは、「歩く」という実験である。まだ充分に見えない人に眼で見て外を歩く実験はできない。私たちは逆さメガネやピンホールメガネを装着し、できない段階からできるようになるまでの段階、すなわち視覚系活動の形成過程を探索する移動実験を繰り返してきた。

ここで報告する大学二年生の二人は、その実験を志願した。それぞれ二日間、メガネを着用して生活をする、これを二回行った。実験中に着用していたTシャツも手製であり、二日目のTシャツには「一蓮托生」と書いてある。逆さメガネをかけたのは、木造出身の平田さん、ピンホールメガネをかけたのは八戸出身の浜田さん。岩木山麓ロッジ「アソベの森」を実験拠点とし、弘前物産館やその周囲を歩いたり、草原を走ったり食事をしたりロッジ内で探しものをしたり、バーベキューをしたり、買いものをしたりなどの課題を行った。

視野を制限するピンホールメガネは視野の真ん中の小さな範囲しか見えない。たとえば岩木山まで行く途中のお店を十八メートル離れて見ると、その入口しか見えない。一日目は、基本的な行動に困難が生じる。エレベーターに乗る際に入り口の奥行きを捉えなければならないが、壁に色がついているだけで平坦と見える。奥行きを感知できないのである。二日目になると、奥行きを捉えることができるようになり、移動行動は円滑になる。その奥行視がどのような状態でできるようになるのか。これまで知覚心理学にはその過程に関する詳細な報告がなく、この学生の、できない段階からできるようになるまでの段階をつぶさにビデオから掘り起こすと、そこに一定の序列があることが見出された。その序列は、彼女が実験課題を行なう間の休憩時間に上を見たりテーブルを見たり人の動きを見たり、「見るお勉強」を刻々続け、見る力を造り上げていたことに由来していた。これが基礎になり奥行視が形成されたと考えられる。

視野が狭くなる目の病気で緑内障がある。緑内障に罹ると外出するのが怖くなり、家にいることが多くなるという。ここで得られた移動行動の形成過程が、こうした状況にある患者さんに役に立てば、と思う。

このような実験ではその装置を外した瞬間がクライマックスでもある。ピンホールメガネを外した瞬間、学生は「眩しい、眼が痛い、情報が多い、眼の中にたくさんものが入ってくる。世界がグラグラ揺れる。見えるッ！なんだかすごい。ああ、眼で見るってこんなにたくさんの物を見ていたのだ。」「世界って広いけれど、全部が見えることは素晴らしいと言えるのだろうか。ひとはみな何を見ているのだろう。ピンホールを剥奪されて寂しいけれど・・・」と報告している。

このような「論理の力」の由来を知りたく、高校時代に何をして遊んでいたのか、尋ねると、友だちと自転車で待ち合わせ、百円玉を握りしめ、入浴料の安い温泉に行くのが楽しみだったと言う。東京や仙台の女子高生がこのような遊びをするだろうか、青森独自な香りがするように感じた。

もう一つの実験、逆さメガネ。そもそもなぜこのようなメガネが存在するのか。一八九七年、ストラットン(Stratton)という研究者がこのメガネを自作し、自ら三日間、その後八日間連続着用して生活した。メガネをかけて見た世界は、それまで見ている世界と異なる。いま見ている世界を「正立」、メガネをかけて見た世界を「逆さ」とすると、ストラットンは、逆さメガネをかけて生活をすると、「逆さの世界」が変化するのではないか、

「見る」という活動もまた、学習により変化するのではないか、それがストラットンの狙いであったと思われる。

このような逆さめがねをかけた学生は、二日間の間に様々な行動が改善したが、その期間の着用では世界の見え方に変化は起こらないように見えた。

他方、逆さメガネをはずした瞬間、彼女は両手で顔を覆い、嗚咽する声が漏れた。逆さメガネを外して大喜びするという報告は数多くあるが、涙が落ちたという報告は一つもない。われわれは何が起きているのかわからず、呆然とした。いつもであれば実験が終わったあとに打ち上げを行うが、何が起きているのかわからず、胸が痛くなり、その日全実験者は家路についた。後日、彼女からあのとき何が起きていたのか、教えてくれる手紙が届いた。手紙に曰く「逆さメガネをかける前、『この世界』（図1）を見ていた。逆さメガネをかけて『逆さの世界』（図2）が見えた。しかし逆さメガネを外したことで『この世界』が戻り、『逆さの世界』が失われた。」彼女は「（メガネを外すと）『逆さ』という美しい世界が奪われた。それが悲しくて泣いた」と書いていた。なんという、みずみずしい感性。

今まで何をして遊んできたのか、尋ねた。氷柱を竹刀などに見たて、外で忍者ごっこをしていた、という。弘前・津軽・青森に現れる氷柱が、彼女の大切な遊び道具であった。

図1　「この世界」の岩木山

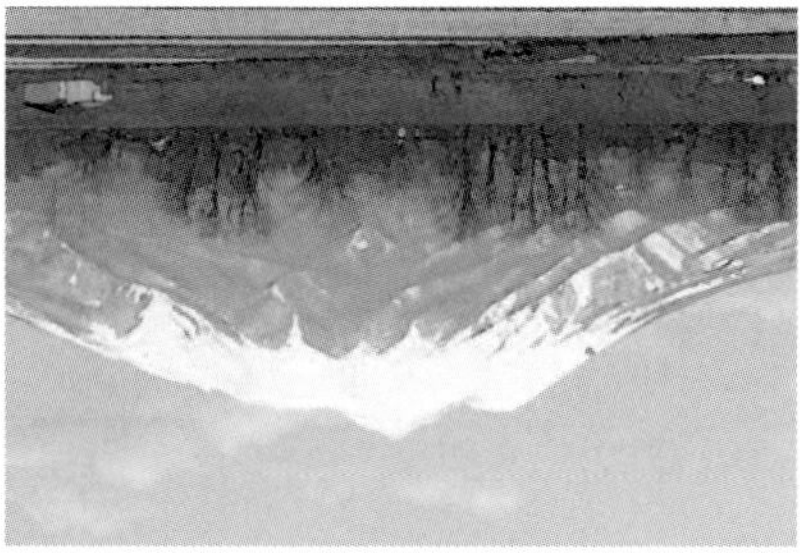

図2　「逆さの世界」の岩木山

三、討議

コーディネーター：三浦　一朗
報告者　　　　　：川浪亜弥子
　　　　　　　　　井上　諭一
　　　　　　　　　佐々木正晴

報告を終えて

三　浦：コーディネーターを務めます三浦一朗と申します。文学部日本語・日本文学科で近世文学、江戸時代の文学を教えております。私も三つの報告に関しては門外漢ですので、素人の立場から質問をぶつけてみたいと思っております。各報告二十分と言う短い時間でしたので、最初にそれぞれのご報告の趣旨を確認する意味で、私の方から事実確認をさせていただきたいと思います。

では順に伺いたいと思うのですが、まず、川浪先生に“To be, or not to be.”という有名なフレーズの訳し方、解釈もいろいろあるということでしたけれども、川浪先生としてはどれが適しているとお考えなのか、そして『新ハムレット』ではどのような意味で使われているのか、お聞きしたいと思います。

川　浪：いくつか訳を出しましたけれども、どの訳がいいのかと言うのはわかりません。私自身もいつも別の訳をつけたいと思うのですが、未だに思いつかず、いつも英語で考えています。永遠にクエスチョンです。『新ハムレット』では、報告のなかで引用しましたけれども、「忍従か、脱走か、正々堂々の戦闘か、あるいはまた、いつわりの妥協か・・・」となっていて、多分大人の計算高いものに対して戦っていくか、あるいは静かに忍んでいるか、という大人と青年の間での葛藤のコンテキストなのかな、と解釈しています。

三　浦：続きまして井上先生に、ご報告の後半で実は川上健一のようなリリカルな、詩情豊かな作品の世界が、青森の風景・青春の風景としてあり、どちらかというと暗いイメージを持たれがちな寺山修司や葛西善蔵、太宰治の作品にも表れているということでした。その中で時間の制約があって少し省略されていましたが、葛西の「雪おんな」や寺山の「サーカス」におけるリリカルな情景について、補っていただけますか。

井　上：葛西の「雪おんな」は実際の文章自体も非常に詩のような文章で、小説と言っていいのかわからないところもあります。作品ではこの後、別れるとか別れないとか（出奔する、逐電する）という問題と、「雪おんなを本当に見たのか」という伝説とが二重映しになっていて、非常に詩的だと思います。また、寺山の「わが故郷」や「ああ、日本海」といった青森に関する文章、あるいは青森を舞台にしているかのような短歌によっておどろおどろしいところに捉えられることが多いのですが、寺山の「サーカス」で見ますと、誰かが待っている場所が青森であるが故に「他国の夢」「幻想」があって、「私たちと他国をつなぐもの」を「瞑想の機会」として書いているので、まさに青森という場所から他国へ、むしろ逆に青森に沈潜することによって他国に開かれていくチャンスとして捉えられている。いわば青森が「想像力が発生する場所」のように、明らかに捉えられていると思います。これは寺山自身の、鉄道・線路の捉え方などにも同じようなことが言えます。

三　浦：佐々木先生は、後半で2人の学生の「論理の力」「みずみずしい感性の力」に対し、彼女たちの子ども時代からの遊び方について触れられていましたが、その関連性についてもう少し詳しくご説明いただけますか。

佐々木：どのように遊んできたか、生活のなかで何をして楽しむのかという歴史が、その人の思想や人格を作る、と考えていますので聞きました。

三　浦：その場合、その学生あるいは佐々木先生ご自身が「青森の青春」をどのように考えるのか、ということが次に出てくるかと思いますが、それはおいおい伺っていきたいと思います。

「青春」という時間の感覚

三　浦：フロアからいただいたご質問で、まず佐々木先生へ、視角を制限して生活をする実験をご紹介くださいましたが、人の時間も含めた「時空間」を認識する感覚は、ア・プリオリに存在するんですか、というかなり哲学的な問いです。

佐々木：本質的な質問で怖くてしょうがないですが（笑）。ピンホールメガネをかけると立体感のある世界が平坦になりますので、空間的には奥行視・立体視が制限されます。しかし学習を積み上げることにより、立体視を取り戻すことができます。時間感覚もまた、ピンホールメガネをかけると変わるときがあります。例えば、車に乗って助手席で前を見るか横を見るかで、速度感がまったく違います。しかしそれがどのように取り戻されていくのか、というのはまだデータとしては出ておらず今後の課題になります。いろいろなものが壊されて、しかし学習によって、そのいろいろなものが構築されていくという物語です。

三　浦：時間ということでいきますと、生きられる時間のなかに、なにか固定的に「青春」があるのではなくて、井上先生の補足にもありましたが、「青春」というもののイメージだったり、自分の経験だったりで変わってくると思うのですが、青森にとらわれず「青春」をどのように定義していくことができるのか、それぞれお考えをお聞かせいただけますか。

井　上：今日の報告の延長上で一単語で、と言われれば、それは「記憶」だと思います。今日は非常に長い小説を取り上げたのですが、最後でそれが語り手による、非常に長大な「思い出」であることが分かるようなシーン（たとえば同窓会）などがあって、そこで小説の語りが終わる、という同じ構図を持っている。だからその前の長い長い文章は、実際にあったことというよりは何十年もの時間をかけて、繰り返し思い出され、純化され、時には改編されて成立したような「記憶」である。それはひょっとすると物理的な事実とは少しずれているのかもしれないけれども、人間にとって生きられた時間とは生きられた想像力の時間なので、事実と違っても差し支えない、真実としてあるのは記憶の時間のほうである、と考えています。話に結び付けて言えば「青春」とは何よりも「記憶」のこと、そしてそれはたぶん若い時にも、年をとってからもそのような記憶がある、いわば「記憶が重層していく」というものなのではないかと思いました。

佐々木：お渡しした資料のなかに「青春とは何かと尋ねられた時に、あなたはどのように答えますか」というプリントがあります。普段、「青春」や「青森」と関係のないところで研究をやっているので、この仕事を引き受けてしまってとても苦しみました。それで三日前に私の知り合い、小学校三年生から八十歳の人まで十八名の人にメールで尋ねました。そこにはいくつかのパターンが見えてきます。小学生は「青春」と音声を言っても「それなあに？」と言うし、漢字で「青」「春」と書いても「せいしゅん」とは読めない。だから彼らにまだ青春はありません。『せいしゅん』をいつ教えてもらえるの？」と先生にしがみついた子どももいたようです。八十歳の人はこう答えました。「青春がいつ来るかはわからない。屈託がなくて明るい気持ちで好きなことをしていればそれが『青春』だ」。青春とは何かということを今日の報告に関連させて言うなら、新しい「逆さの世界」や「小さい世界」に挑み、なんとかしようとし、挫折があり打開した喜びがある。この学生たちは二十歳で青春の真っただ中と言えるかもしれない。その姿を、実験を通して私は教えてもらいました。

川　浪：私は「青春」とは、悩んで苦悩して、その先の前に進むこと、と考えています。『新ハムレット』のハムレット像は太宰自身の投影なのではないか、とお話ししましたけれども、ハムレットは大人に囲まれているが、その大人とうまくいかない、という対立があるわけです。それは彼一人が青春なのではなくて、周りがいるからこそそのような状況が生まれてくるのだと思います。ハムレットも年齢に限らず、やはりそういう葛藤のなかでの悩み、最後は気持ちを持って前へ行く、そこが青春なのではないか、と考えています。

青春の悩みを読み解く

三　浦：太宰の『新ハムレット』を読んでいくと、若者と大人の葛藤は確かにあると思うんですが、同時に「周りに認められたい、愛されたい」という自意識や、逆にそれを求めていきながらも果たされなかった時の不安・恐怖、そういうものに振り回されているハムレット像もあり、要するに肥大した自意識に悩む姿も同時に存在しているのではないかと思います。こういったものも、まさに今、青春を生きていると言っていい若者たちが共感できるところなのではないかと思うのですが、そのあたりは今日のお話のなかで関わってくることはありますか?

川　浪：今日はかなり絞ってお話しましたが、確かに『新ハムレット』のなかのハムレットは「甘えん坊でわがまま」という姿です。しかし、そういったわがままをしながら悩んでいく、「どうしてこのわがままが通らないんだろうか」といった自負のようなものを出しながら、うまくいかずにぶつかり、また悩む。やはり悩み続けることなんだろうと思います。その上で人間が成長していければ、と思うのです。

三　浦：「悩む」ということが出てくると、井上先生のご報告のなかで「暗いイメージ」という言葉が出てきました。今の若者たちには「前向きに生きる」というのがずいぶん独り歩きしているところがあるかと思われます。そうすると「悩む」ことは暗いことで、よくないイメージがあると思うのですが、そのあたりいかがでしょう。

井　上：さきほど「記憶」と言いましたが、「記憶」は人間の想像力からできてくる。つまり、これから起こることを想像のなかで経験してしまうと、それが記憶になる、言い換えれば、「起こらないことの記憶」があったりもします。そうした言わば「まだ無いこと」「まだ自分には起こらないこと」あるいは「絶対に起こりえないこと」が自分の想像のなかで繰り返し積み上げられていくことが、「想像力が回転する」ということになります。すると、これから起こるかもしれないことを事前にあたかも体験したかのような記憶として持つことができる。または、そのようなことを繰り返していけば想像することができる自分を信じられる、自分の想像力を信じられていく、という二つのことがあります。そうなったときに、寺山の文章をそういった「無かったことの記憶」として検討することもできるし、サイモン&ガーファンクルの「四月になれば彼女は」の「彼女が死んでしまう」というぎょっとするような歌詞も、実際にそうだというようなこともなく、よく考えてみたら韻を踏んでいるし、想像力のなかでの出来事である。その想像力が自分を世界へと開いていくことに活きるのではないかと思っています。「悩む」と言ってしまうと沈静する、暗いとなってしまうけれども、悩むことを「自分の想像力のなかで動いていく」と全部まとめてしまえば「記憶」と言えるのではないかと思うのです。

登場人物の前提条件をめぐって

三　浦：フロアからの質問で、青森だと言葉の訛りの問題があるはずであるが、川上健一の小説だとそうした訛りの問題が除去され、共通語で表現されている。その意味で、回想では文章も美化されているのか。回想に関わって言葉・方言の問題があるのではないか、ということに、井上先生お答えいただけますか。

井　上：一九六〇年代ごろ、実際にこのような言葉で話されていたかと言えば、多分違うと思います。まず現代の表現として書かれているということ、そして登場人物が実在の人物だと想像してみると、記憶のなかで言葉が書き換えられていると解釈することはできると思います。ただ、小説がその問題をすべてネグって（無視して）いるということではなくて、今日の報告や資料には出ていませんが、これらの小説に方言が出てこないわけではありません。ただ、通常の記述法で、津軽弁を正確に写し取れるとは思えないので、その辺は小説家が多くの人に読んでもらうためにアレンジしたということはやむを得ないと思います。

三　浦：今お聞きしながら考えたのですが、今日のご報告には出てこなかったけれども、最近方言の価値というのが逆転してきているところがあって、方言を話すことが可愛い、という文化に組み込まれてきているところがありますよね。そう考えてみると、方言を共通語に直すということが美化につながるということも一概には言えないのではないでしょうか。

井　上：その通りです。例えば、弘前も舞台の一つとなっているカルト的な人気があるマンガ『ザ・ワールド・イズ・マイン』がありますが、作者は非常に何度も取材を繰り返してかなり方言を書いた結果、「よく東北出身者だと勘違いされる」「それはすごく嬉しい。方言に対するあこがれが強い。僕は横浜出身なので土着感が無い。なので『田舎コンプレックス』を持っています。」と言っている。「田舎コンプレックス」というのは、昔は田舎から都会に出てきた人が持つという意味で使われていたと思うんですが、完全に逆転していて、方言のあまり目立たない地域で生まれ育った人が方言を使いこなしている人に対してコンプレックスを持つ、という意味で使われているのです。

三　浦：また別の質問ですが、佐々木先生へ、生まれつき盲人であったということと、今回の実験のように逆さメガネやピンホールメガネを用いるということは前提が大きく変わってきますが、その違いから発見できることはあるのか、というものです。

佐々木：条件は違います。逆さメガネ・ピンホールメガネ・アイマスクは、知覚行動体系が確立した人の状態を一度壊します。開眼者は何もないところから視覚をどう形成していくかということを見ていきますから。しかし共通していることもあります。「できないことをできるようになる」という過程を知るという目的において、二つは同じです。作られているものをいったん壊すことであることができなくなる、しかしその状態からどのようにしてできるようになるのかという形成過程について、たとえば開眼者が見る力をつけていく過程とどこが同じでどこが違うかを見つけていくのが我々の仕事の一つでもあります。もうひとつの事情の違いは、移動行動とは人間の大切な行動だと思うのですが、初めて目を開いた人たちに外を歩けと言うこと、そして開眼者の移動行動がどのように出来上がるのかの実験は現実にできません。自分でやれば問題ないですから、危険だから我々がやったということです。

それぞれの「青春」に見る、研究の原風景

三　浦：最後に、今日ご報告いただいたみなさんの「青春」にまつわるエピソード・思い出を聞きたい、というご意見をいただいておりましたので、簡潔にお願いします。

川　浪：私は弘前出身ですが、高校を卒業したら東京に出たくて出たのですが、共通語ができず、口を開けば津軽弁だったので一年間あまり口を開かず、友だちもできなかったのです。その後、英文科に進み大学院にも行くと、指導教授に「君の英語は何だね。津軽出身だからというわけではないが、なんだその粘ったような英語は…」と言われて、大変なコンプレックスで、津軽が大嫌いでした。ただ、少し年を取った今思うのですが、東京に生まれていたら今の自分は無かったのではないのかな、だからまんざら悪くもないな、と。苦い思いもしたけれども、まあ、いいかなと思っています。そして今でもそのように、常にいろいろな場面で左右決められず迷っている自分でありたい、その上で覚悟して決断して前に進みたい、と思っています。ハムレットのように。

井　上：私は北海道札幌の出身ですが、今日とりあげたような女の子との思い出などは全然ありません。というより、普通の男の子にはこれはないので、あるとすれば奇跡だと思います。ただ、あるとすれば、男女問わず本の貸し借りをした。この本が面白いから読んでほしいと言うし、友だちも言ってきたという、いわ

ゆる相互にエバンジェリスト（伝道者）になっていたことが、いわば私の青春だったと言えるかと思います。青森ということで言うと、例えばベタに太宰や寺山が書いていることを事実と見て、それが好きだと言う人はいました。しかし私は、事実とは違う、多少事実と一致することがあったとしても、それはやはり芸術家の想像力なのだと言い張って、中高生の時に友人と大ゲンカをしていたことがあり、そうした考え方の果てに今日の話もあると思います。そのきっかけをつかんだのが、友だちとの本の貸し借りでした。大事なのは「想像力」「記憶」「幻想」であると気付いたこと、それが私の青春でした。

佐々木：数年前タクシーに乗り、桜の葉の紅葉の景色を見ながら「桜は春は花、秋は紅葉できれいですね」と言ったら運転手さんに怒られました。曰く、桜が咲かせる一番きれいな花は雪の花だ。つまり、雪が桜の小枝につもり花が咲いたようだ、これがきれいだ、と。しかし続けて、桜の木も人間と同じで、日当たりなどで樹の形状にはひとつひとつ個性があるため、きれいな花を咲かせる樹とそうでないものがある、と。「それを教えて」と頼みましたが、ダメだ、自分で探せ、と言われ、それから雪が降ると桜の樹を探し見るようになりました。それから二回目の冬、桜の樹を見て、きれいだなと思えるようになり、その時から青森の雪が好きになりました。あの運転手さんのおかげです。それが私の青森の青春の風景です。

三　浦：青森は一年の半分近くを雪に覆われることもあります。一般的にはどうしても閉ざされた、暗いイメージがつきます。しかし今回のフォーラムで明らかになりましたのは、むしろやや気恥ずかしいほどに詩情にあふれ、開かれた、実り豊かな「青森の青春の風景」だったのではないでしょうか。今日、足元の悪い中、会場に足をお運びいただきました皆様におかれましても、今回のフォーラムを通じて、愛すべき、誇るべきものとして、こうした詩情にあふれ、開かれた、実り豊かな青森の青春の風景をお持ち帰りいただけましたら幸いに存じます。ありがとうございました。

四、参加者アンケートから

本公開講座は大学が持つ研究資源と専門性の高い人材を活用した地域住民の学習機会である。したがって、こうした社会教育事業の計画・立案や学習者の関心・要求、学習成果の把握に関する理論と方法の理解を図ることを目的とした社会教育主事資格科目「社会教育計画論Ⅱ」の一環として、履修学生がアンケートの作成や当日の運営に携わった。アンケートは、履修学生が議論を重ね、講座の企画内容に即しながら参加者の反応や学習成果を引き出せるよう質問項目を工夫され組み立てられた。アンケート用紙は目立つように色紙で印刷し、開始前の受付で報告資料とともに配布した（一三九、一四〇頁に掲載）。

以下では、本公開講座の成果および今後の公開講座の参考資料として、このアンケート結果を報告する。とはいえ、多くの回答はいただけたものの参加者の絶対数が少なく個人が特定される可能性もあることから、具体的な数値の提示は控えることとし、今後の本学の公開講座の参考となるような傾向を単純集計から考察する程度にとどめたい。

①参加者の構成

参加者の「a．男女比」は、ほぼ半々である。「b．年代」は、現役学生世代と五十代以上に分かれた。「c．本公開講座を知るきっかけ」については、「①ポスター・チラシ」がほぼ半数の割合と最も高く、次いで「③知人・友人・学校からの紹介」、「②広報紙・新聞」となっている。現役学生は、大学での告知がなされているため③を選択していることが予測される。その他の五十代以上の一般市民は、市内の公共施設や県内の主要な社会教育施設（今回は特に公共図書館を含む）に配布したポスターやチラシ、広報ひろさきと地元新聞の告知欄が有効であった。

「b．現在の住まい」は弘前市が主であったが、青森市などからの参加も見られた。「e．出身自治体」は、弘前市および周辺自治体が六割程度である。eの項目は、「青春の風景」というテーマに関し、回答者が多かった場合、出身地と現在の住まいの異同による学習成果の違いを比較しようと加えられていた。

②フォーラムの内容について

「a．各パネラーの話題提供はわかりやすかったか」「b．配布資料、話し方は適当だったか」「c．フォーラム全体を通じての各自の学習成果」については、ほぼすべての回答者が「大変そう思う」「そう思う」を選択していた。

③参加を通じて想起した「青春の一冊」「青春の思い出」

すべての回答者のうち、ほぼ半数の記入があった。「青春の一冊」として具体的にあげられた作品は「城砦」（クローニン）、「ジャン・クリストフ」（ロマンロラン）、「若い詩人の肖像」（伊藤整）、「凶骨の夢」（京極夏彦）、「バッテリー」（あさのあつこ）などであった。また、そのほかの回答からは、報告および討議を聞きながら参加者それぞれの中で「青春」および「青春観」が検討されたことがうかがえた。

④本公開講座の感想

フリーアンサーで多く書かれていたことは、「非常に面白かったから、もっと時間を長くとってほしい」であった。本公開講座は講演ではなくフォーラム形式をとったことから、三者の報告時間がそれぞれ二十分と短かったため、こうした意見が寄せられたと推察できる。しかし、現実として討議時間も含めると全体で二時間をまわっている。こうした声は「飽きずに集中して参加することができた」とも解釈することもでき、企画構成としては効果的であったと捉えられる。

また、本公開講座は市民のアクセシビリティに配慮し大学開放を進める弘前市からの補助金を受託し、市街地の公共施設を会場として実施した。このことについて「キャンパスには行きにくいため、こうした市街地での開催を多くしてほしい」といった記載もあった。市民の方に本学に足を運んでいただき、キャンパスの雰囲気を感じてもらうことも重要であるが、その前段として、こうしたアウトリーチの活動から本学の教育・研究について関心を持ってもらう必要性もうかがえる意見であった。

五、おわりに

外部講師の招聘による講演会の実施ではない試みとして実施した本公開講座、「文学フォーラム」は、二〇一二年度の地域総合文化研究所所員であった三浦、川浪、生島により七月から企画が始められた。その後、文学部全教員に対する報告の募集を経て報告者となっていただいた井上、佐々木両教授を含む度重なる協議の上で練り上げられたものであり、その熱意はポスターの図案への詳細な指示にまで影響を与えた。

この協議の過程には、相互の研究の理解や発想の転換など多くの刺激があり、当日にはそうした教員同士の熱意がぶつかり合う、まさに「フォーラム」が形成されたと捉えられる。その様子は、特に後半の討議の様子からもうかがえるであろう。また、ご参加いただいた市民の方の反応も、非常に手ごたえを感じられるものであった。

多くの文学者を輩出し、文学作品の舞台ともなってきた津軽・青森は、一年の半分近くを雪に覆われ、閉塞感や陰鬱さといった印象がもたれやすい。しかし「青春」というキーワードから切り込むと、むしろ詩情にあふれ、開かれた、実り豊かな風景として捉えられるのではないか。この「文学フォーラム」に参加された方々が会場を後にしたとき、また本報告を読了いただいたのちに目にする雪国の世界は、以前のそれと違って映って見えた――そういった反応も期待しつつ、本報告が今後の公開講座などの企画・実施の一助になれば幸いである。

弘前学院大学　平成24年度文学フォーラム「青森／青春の風景」

本日の文学フォーラムはいかがだったでしょうか？ぜひご意見・ご感想をお聞かせください。
お手数ですが、本アンケートの記入にご協力をお願いいたします。
なお、この結果は、今後の公開講座および文学フォーラムの企画・運営に関して参考にさせていただくものとし、それ以外での使用、個人が特定されるような公表をしないものとします。

本アンケートは、文学部開講科目「社会教育計画論Ⅱ」の一環として履修学生が共同で作成いたしました。

Q1．まず、あなたご自身のことについてお伺いいたします。

◆あてはまるものに○を付けてください。

a．性別　①男性　②女性

b．年齢　①10代　②20代　③30代　④40代　⑤50代　⑥60代　⑦70代以上

c．今回のフォーラムを何でお知りになりましたか？（いくつでも可）

①ポスター・チラシ　②広報誌・新聞　③知人・友人・学校からの紹介

④弘前学院大学のホームページ　⑤その他【　　　　　　　　　　】

d．現在のお住まいは　【＿＿＿＿＿＿市・町・村】

e．ご出身は　【＿＿＿＿＿＿市・町・村】

Q2．次に、今回のフォーラムについてお伺いいたします。あてはまる番号に○をつけてください。

		大変そう思う	そう思う	そう思わない	全然そう思わない
a．各パネラーの話題提供は分かりやすかったですか。					
川浪	シェイクスピアの『ハムレット』と太宰治の『新ハムレット』	4	3	2	1
井上	葛西善蔵から川上健一まで－芸術作品にみる、青森の青春	4	3	2	1
佐々木	「論理の力」と「感性の力」はどこからくるのか	4	3	2	1
b．各パネラーの配布資料、話し方は適当でしたか。					
川浪	シェイクスピアの『ハムレット』と太宰治の『新ハムレット』	4	3	2	1
井上	葛西善蔵から川上健一まで－芸術作品にみる、青森の青春	4	3	2	1
佐々木	「論理の力」と「感性の力」はどこからくるのか	4	3	2	1
c．フォーラム全体を通じて、					
新しい知識・考え方・発想を学ぶことができた		4	3	2	1
取り上げられた文学作品を読みたい／読み直したいと思った		4	3	2	1

【裏面に続きます。よろしくお願いします。⇒】

Q3．（もしよろしければ）今回の話題提供や討議を通じて想起された「青春の一冊」や「青春の思い出・エピソード」がありましたら、お教えください。

Q4．最後に、弘前学院大学に関することについてお聞かせください。

◆あてはまるものに〇を付けてください。

a．弘前学院大学に文学部があることを知っていましたか？

① 知っていた　　② 知らなかった

b．実際に授業を受けてみたいと思う教員はいますか。（いくつでも可）

①川浪亜弥子　　②井上諭一　　③佐々木正晴　　④三浦一朗

c．これまでに弘前学院大学が開催（開講）する企画にご参加いただいたことはありますか？（いくつでも可）

①公開講座　　②オープンキャンパス　　③学祭　　④クリスマス音楽の夕べ

⑤礼拝　　⑥科目等履修／開放講義

d．弘前学院大学および文学部に対するご期待・ご要望があればぜひお書きください。

ご参加、ご協力ありがとうございました。
ご記入いただきましたアンケート用紙は、会場出口で回収スタッフにお渡しください。
どうぞお気をつけてお帰りください。

丹後日和の生成と変容　―百沢寺の語り―

畠山　篤

一　はじめに

岩木山　青森県津軽地方には、岩木山《いわきさん》（一六二五メートル）が聳《そび》え立ち、霊峰として人々から篤《あつ》く崇拝されている。この霊峰は三つの峰を持っている。その三つの峰とは、南西から東北にかけて並ぶ鳥海山《ちょうかいさん》、主峰の岩木山、巌鬼山《がんきさん》である。巌鬼山は、別に赤倉山《あかくらさん》ともいわれている。

三つの由来譚　この岩木山には、岩木山権現《ごんげん》（大権現とも）・お岩木様《いわきさま》・高神様《たかがみさま》ともいわれる神が鎮座している。そしてこの岩木山の神の由来を説く代表的な物語が、以下のように三種類ある。

百沢寺が語る岩木山権現由来譚　まず、公儀の百沢寺《ひゃくたくじ》（現岩木山神社《いわきやまじんじゃ》）が語った岩木山権現由来譚は、次のように説く。

奥州岩城《いわき》判官正氏《まさうじ》の子である姉の安寿姫《あんじゅひめ》と弟の厨子王《ずしおう》（津志王丸・津塩王・知志王丸とも）が、母ともども苦難の道を歩む。そして丹後国《たんごのくに》（現京都府北部）の山椒太夫《さんしょうだゆう》に責め殺された安寿姫が、後に立身出世した厨子王によって岩木山権現に祀られた。

また、安寿姫が山椒太夫に迫害されたので、丹後船と丹後人を忌み嫌って排斥するようになったという、いわゆる「丹後日和《たんごびより》」の由来にもなっている。

イタコが語る〈お岩木様一代記〉 また、民間のイタコ（盲目の女性シャマン）の語る（歌う）祭文《さいもん》〈お岩木様一代記〉は、次のように説く。

兄の厨子王《ずしおう》、姉のおふじ、妹の安寿姫《あんじゅひめ》の三人のうち、安寿姫が母のおさだと苦難の道を歩む。特に安寿姫は父によって砂浜に捨てられて生き埋めにされた後、丹後国に流されて山椒太夫から迫害され、さらに流浪して苦難を重ね、最後に岩木山の高神様《たかがみさま》・お岩木様になった。

村人が語る三姉妹の岩木山の神座争い譚 そして、村人が語る岩木山の神の由来譚は、次のように説く。

三姉妹（二姉妹とも）が岩木山の神の座をめぐって争い、末の妹が姉たち（姉）を出し抜いて岩木山の神になった。それで止むをえず、姉たちは別の山の神になった。そこで姉たちが鎮座した山の信者は、妹の鎮座した岩木山へ参詣しないで、自分たちの山に参詣する。

その三姉妹（二姉妹）には本来名前がない。

本論のねらい 以上の岩木山の神の由来を説く三つの物語の淵源は、遥かに深いだろう。本論はこのうち百沢寺の語りの淵源を睨みつつ、現伝承が生成した経緯を述べ、その変容を辿る。

二　百沢寺が語る岩木山権現由来譚

1　岩木山権現由来譚の梗概

岩木山権現由来譚 岩木山権現（大権現とも）由来譚は、近世中期に語られていた。それを記す文献が『和漢三才図会』［寺島良安、一七一三］、『津軽一統志』［弘前藩撰、一七三一］、「楚堵賀浜風《そとがはまかぜ》」［菅江真澄、一七八五］、

『東遊雑記』［古川古松軒《ふるかわこしょうけん》、一七八八］などである。

『和漢三才図会』の梗概　岩木山権現の由来譚の初出は、大坂で刊行された絵入り百科事典『和漢三才図会』［一七一三］巻六十五の岩城山権現の条である。次に引用するその訳文は、『和漢三才図会9』［一九八八、二九五～二九八頁］による。

岩城山《いわきさん》（岩木山）権現　津軽弘前の南（青森県中津軽郡岩木町百沢）にある。　社領四百石

祭神は未詳〔寺の境内にも勧請の社がある〕（別当は）〔真言宗〕百沢寺《ひゃくさわ》

本社は百沢寺の上の山にあって、およそ三里ばかり登る。八朔《はっさく》（八月一日）から重陽《ちょうよう》（九月九日）までのうち、七日間潔斎して登るのである。他日は登ることを許さない。しかも女人結界《にょにんけっかい》の山である。

俗に、津志王丸《ずしおうまる》が姉の安寿《あんじゅ》を祭った社であるので、現在でも丹後《たんご》の人は登ることを許されない。もし強引に登るものがあれば必ず神の祟《たたり》を受ける云々という。（中略）

○伝えによれば、昔、当国の領主に岩城《いわき》判官正氏というものがあった。永保元年（一〇八一）の冬、在京中に讒言《さんげん》するものがあってそのため西海に流された。本国に二子があり、姉を安寿、弟を津志王丸という。母と一緒に彷徨《ほうこう》し、出羽を過ぎ越後《えちご》にやってきた。

直江《なおえ》の浦に山角太夫《やまかどだゆう》というものがいて、つねに人をかどわかして売るのを商売としていた。逢岐《おうぎ》の橋で彼らに遇い、彼らをかどわかし、母と婢女《はしため》（宇和竹《うわたけ》という）を佐渡《さど》に売り、二子は丹後《たんご》に売った。

由良《ゆら》の山椒《さんしょう》太夫がこの二子を買い取って奴婢《しもべ》とした。背に荷を負わせたり、草刈り、牛飼いをさせたりなどの仕事は余りにも子供には過重であった。姉はしきりに弟に逃亡することを勧めた。このことが洩れて姉弟は灼鉄《やきがね》を額に押しあてられた。しかし懐中の地蔵が身代りになって二人には傷痕《あと》も残らなかった。遂に弟は逃亡し、姉は責められ拷問《ごうもん》にあったが弟の行方を白状せず、とうとう責め殺された。

津志王は逃げて国分寺に駆け込み、かくまってほしいと頼んだ。庵主は承知して古紙籠《ふるかわこ》の中にかくまい梁《はり》の

上に繋いでから、知らぬ顔で読経をつづけていた。太夫父子らが追ってきて尋ねたが、僧は盟《ちか》って知らないといい張った。追手のものは承知せず寺内を捜し、紙籠に目をつけると梯《はしご》を梁にかけて登ろうとした。しかし梯が折れて三郎の腰が折《くじ》け、遂にあきらめて彼らは帰っていった。寺主は津志王の来由を聞き、自ら紙籠を背負うと洛《みやこ》に行き、七条朱雀《すざく》権現堂におろし、児を出すと別れ去っていった。

津志王は摂州天王《てんのう》寺（大阪市天王寺区）に行った。阿闍梨《あじゃり》が憐んでこれを養った。ここに洛西の梅津の某《なにがし》、清水《きよみず》の観音に養子を授かるよう祈り、夢のお告げによって阿闍梨のもとにやってきて、津志王を請うて養子とした。そして系図の書によって讒言《さんげん》で家の滅んだ行状を知った。彼は上洛するとこれを朝廷に奏した。帝は是非を糺問《きゅうもん》して正氏の流刑を赦《ゆる》して本領を賜い、また讒者の領地を津志王に賜わった。津志王は奏上して、丹後・越後・佐渡の中の若干の郷と代えてほしいと請い、帝はこれを許された。

そこで自ら丹後に赴き、国分寺を宿泊所とした。住僧は領主の不意《おもいのほか》の入来にびっくりして出奔した〔永保二年（一〇八二）正月十六日、安寿落命す。ときに十六歳。津志王は十三歳。それから半歳を過ぎないうちに出世したからである〕。津志王は住僧を捜し求めて懇《ねんご》ろに厚恩を謝した。次いで山椒太夫、同じく三郎の首を鋸《のこぎり》引きにし、佐渡に行って尋ね求めて盲母（涕泣《ていきゅう》したため盲になった）に逢った。越後に行くと山角太夫と親族を殺し、こうして安寿の霊を神として祭った、と。

百沢寺《ひゃくたくじ》の祭神の岩木山権現は姉の安寿姫で、弟の津志王丸が彼女を祀ったのが始まりだという。その由来譚は、説経節〈山椒太夫〉とほぼ同じである。そして、丹後人が岩木山に登ると祟られるという。

「近世津軽領の「天気不正」風説に関する試論」〔長谷川成一、二〇〇八、二七頁〕が説くように、「一般的には、これが丹後日和を世間に知らしめる契機となった」ろう。

『津軽一統志』の伝承　次に、弘前藩の正史である『津軽一統志』〔一七三一〕を見る。この書の首巻の「岩木山」の項は、前述の『和漢三才図会』〔一七一三〕から引用して次のように記す。

和漢三才図会ニ曰ク祭神未レ考下ニ略而趣記レ之今俗所レ謂奥州岩城《イハキノ》領司判官正氏二子号二姉安壽弟ヲ津志王一ト
故アリテ而壽カ靈テ（ママ）津志王祭二ルト是於神一ニ
且因二テ山椒太夫ガ故事一ニ丹後国人不レ得レ登二此山一ニ。

奥州岩城判官である正氏《まさうじ》の息子の津志王（厨子王）が姉の安寿の霊を岩木山の神に祀ったといい、山椒太夫の故事から丹後人が岩木山に登れないともいっている。この記述は簡略ながら、『和漢三才図会』を全面的に踏襲している。

丹後日和の初出　首巻は続いて、次のように丹後日和の由来を記す。

此ノ山之因レ縁テニ従二リ往昔一限二リテ於丹後国人一ニ而、不レ克ハレ入二ルコト于境一ニ況哉於二ヲヤ住國一ニ哉。
又当邦続二クコト海辺一ニ凡七十有餘里、西ハ始二マリ大間越一ニ東終二小湊一於二其浜辺一天之晴暴怪シク有レ変二現面《マノアタリ》一
村老漁叟随二郷之古制一而、所レ繋二於湊一ニ之船ヲ尋ネ探ルニ必ス在二丹後人一仍而、説二当山之於因縁一ヲ而、使二此人
此船一ヲ去レシム湊則又霽《ハレテ》而、如レ本ノ之是ヲ郷語テ而、謂二丹後日和一

「此ノ山」（岩木山）のいわれによって、丹後国の人に限って津軽の国境を越えられず、ましてや津軽領に住めない。また津軽領の海岸は七十余里あって、西の大間越《おおまごし》から東の小湊《こみなと》に至る。この浜辺が晴れていても、忽ち天候不順になることがある。そこで、老漁師が「郷之古制」（里・村落共同体の古くからの習わし）に従って港に入った船を探すと、必ず丹後船がいる。老漁師は前述した「当山」（岩木山）の「因縁」、すなわち岩木山権現＝安寿がかつて丹後国の山椒太夫から虐待されたことを説明して、領外に退去してもらう。そうすると元のように晴天になる。これを「郷語」（里ことば、土地のことば）で「丹後日和《たんごびより》」という、と述べている。

岩木山信仰に基づく郷之古制　さすがに地元の津軽の伝承だけに、岩木山権現＝安寿の苦難・怨念に基づく丹後日和の由来を明快に説いている。

この記述で注目すべきは、丹後日和が「郷語」（里ことば、土地のことば）であり、「郷之古制」（里の古くか

らの習わし）だということである。丹後船を取り締まるのも現役を退いた地元の老漁師であり、この段階では弘前藩という政治権力が直接的に関与していない。すなわち丹後日和は、海浜を中心にした津軽領一円に根付いていた民間の習俗である。

しかし藩の正史である一統志の首巻に岩木山信仰の中核である丹後日和の伝承が記述されているのは、藩と岩木山信仰（百沢寺《ひゃくたくじ》）が連携していることを示している。このことは藩が丹後日和の習俗を政治的に利用できることを孕んでおり、現に間もなくその道を歩んでいる。

岩木山縁起　また同書の付巻に載る「岩木山縁起」は、次のように記す。

> 岩木判官正氏の姫君安壽の前と申奉る御人飛来り給ひ、則明神と現し及ひ此山に止り給ふ。其志るしあつて阿さへの森忽に大山となり、諸々の山に勝れて最高し

正氏《まさうじ》の娘の安寿が飛んできて、岩木山の明神になった。その験《げん》によって岩木山は大きな山に成長し、他の山々に勝る最も高い山になった、と述べている。この伝承は、一統志の首巻に記す岩木山権現＝安寿の由来譚を補完するものである。

「楚堵賀浜風」の伝承　また「楚堵賀浜風《そとがはまかぜ》」の天明五年（一七八五）八月十五日の条も、岩木山の祭神と丹後日和を次のように簡潔に述べている。

> 其むかし、岩城の司判官正氏のうし（大人）の子ふたところ持給ふを、安寿、津志王と聞こえたる、其たまをこのみね（筆者注：岩木山）に祭る。
>
> さる物語（筆者注：山椒太夫の故事）の有けるがゆへに、丹後国の人は、このいは木ね（筆者注：岩木嶺）にのぼりうることかなはず。又此みねの見え渡る海つらに、その国のふねをれば、海、たゞあれにあれて、さらに泊もとむるもかたしと、ふね長のいへり。

『東遊雑記』　また『東遊雑記』［一七八八］巻四の岩木山の由来では、『和漢三才図会』［一七一三］とほとんど

同じ内容が略述されている。ただし、姉と弟を共に岩城（岩木）権現に祀ったという点だけが異なっている。前述の「楚堵賀浜風」（一七八五）も姉弟をともに岩木山の権現にしているところをみると、そのような説も流布していたとわかる。

説経節〈山椒太夫〉と同じ筋立て　以上の岩木山権現由来譚は、説経節〈山椒太夫〉の影響を強く受けている。そもそも説経節は、中世に起こった野外での語り物の一種で、簓《ささら》を伴奏にしていた。これが近世前期になると浄瑠璃《じょうるり》にならって三味線を伴奏にし、操り人形と提携して劇場に進出している。元禄年間（一六八八～一七〇四）を最盛期にし、やがて義太夫節《ぎだゆうぶし》に圧倒されて衰えている。

〈山椒太夫〉の発端をなす「岩城《いはき》の判官正氏《はんがんまさうじ》」は「岩城国《いはきのくに》」（現在の福島県と宮城県の一部）の領主なのに、これを津軽の「岩木《いはき》」に読み替えている。そして以下の筋立ては、安寿が岩木山に祀られたことと丹後日和のことを除いて、説経節〈山椒太夫〉とほぼ同じである。

すなわち正氏は讒言によって失脚すると、その子の姉の安寿と弟の津志王が、母や婢女《はしため》＝宇和竹《うわたけ》とともに彷徨する。それから母と婢女は佐渡が島に売られ、安寿と津志王は丹後国由良《ゆら》の山椒太夫に売られる。そして安寿は、山椒太夫に迫害された末に殺害される。津志王は辛うじて逃げ延び、その半年後に見事に立身出世して復活し、両親との再会を果たし、悪事を働いた一類に復讐している。

ここには、支配・被支配という社会の厳しい関係が描かれている。

2　権現由来譚の成立時期

〈山椒太夫〉の正本の刊行　説経節〈山椒太夫〉の正本《しょうほん》は、数種類ある。正本とは語り手（大夫）の語る詞章を省略なく記したテキストのことで、絵入りの読み物として刊行されている。

「イタコ祭文〈岩木山一代記〉の生成」[福田晃、二〇〇九、四〇〇・四〇一頁] によると、最も古い与七郎正本は寛永（一六二四〜四四）の末年の刊行で、これによると母が売られた先は「蝦夷が島」である。これが寛文七年（一六六七）刊行の正本では、母が売られた先は「佐渡が島」に変わる。それから、正徳三年（一七一三）刊行の佐渡七太夫豊孝正本へと続く。このように〈山椒太夫〉は一六四〇年代から一七一〇年代まで江戸や上方でも広く読まれていた。そして元禄年間（一六八八〜一七〇四）が、説経節の最盛期だという。

元禄年間の成立　そうだとすると、岩木山権現由来譚が母の売られた先を「佐渡が島」にする説経節〈山椒太夫〉の影響を受けているので、権現由来譚の成立時期がおよそこの元禄年間にある、と推測できよう。『安寿』［坂口昌明、二〇一二、一一八頁］は、岩木山権現由来譚に結合する丹後日和の伝承は、元禄十年（一六九七）あたりを契機にしてむしろ藩主導で作り上げ、次第に政策化していったろう、と述べている。

　そして十数年後にその伝承が『和漢三才図会』［一七一三］に記され、それから二十年弱後にその記述が津軽に里帰りして一統志［一七三二］に引用されている。

上方の高い情報収集能力　この里帰りは、一見すると奇異である。しかし新しい社会体制・権力が体裁を整えて正式な歴史書を整備するまで、一世紀前後は必要なようである。鎌倉幕府の正史である『東鑑《あづまかがみ》』の前半がほとんど伝承であることは、周知のことである。弘前藩の正史の一統志にしても、近世に入ってから一世紀以上経過してから成書化されている。岩木山権現由来譚の成立時期は元禄年間であるものの、それが津軽において同時代の文書の形で後世に残せなかった。

　この点、この由来譚が大阪で刊行された『和漢三才図会』［一七一三］に掲載されているので、上方が優れた情報収集能力を持ち、同時に高い情報発信能力をも持っていたとわかる。そこでこの『和漢三才図会』刊行後二十年弱にして弘前藩の正史をまとめるにあたり、この『和漢三才図会』が重宝され、これに依拠したものだろう。

3　丹後日和

丹後日和の由来　一統志（一七三一）の記述の特徴は、丹後日和の由来とその実態を明快に述べていることである。前述したように、山椒太夫などの丹後人が安寿に迫害を加えたので、安寿＝岩木山権現が丹後人《たんごびと》を忌み嫌うことは、丹後人の岩木山への登山を禁じるのみならず、丹後日和《たんごびより》にも見られる。すなわち、この権現の鎮座する岩木山を見渡せる海上や陸上に丹後の船や人がいると、海や岩木山が荒れるという。それで天候が荒れると、丹《たん》後船《ごぶね》・丹後人がいるからだと土地の人が言い、また老漁夫がそれを探し出し、領外に退去させた。すると天候が回復したという。

そしてこの段階では「郷之古制」に従って各港の老漁師が丹後船の退去を図っており、公権力の役人がまだ直接的に関与していなかった。

『弘前藩庁日記』の丹後者の初出　長谷川論［二〇〇八、二八頁］によると、丹後日和とは明記していないものの、丹後者を藩の役人が詮索する記述の初出が、『弘前藩庁日記』の元文五年（一七四〇）八月十一日の条に見られる。

宮崎忠兵衛は藩の御用達の商人で、当時尾太《おっぷ》銅山の経営と統制を任されていた。従業員のなかに他藩の者も入山しており、藩から丹後者の詮議をせよとの指令を藩庁から受けた。

この詮議の背後には、この年の大雨と洪水による凶作があった。このように天候不順による凶作・飢饉などの凶兆が予見された時、この丹後者の詮議が実施されている。

画期的な政治的利用　こうしてみると藩の役人による丹後の人と船の詮議は、港のみならず内陸の山奥にまで広く深く浸透していることになる。すなわち、天候不順による郷の老漁師が港に停泊している丹後船を領外に退去させるという一七三一年のレベルは、十年未満にして手緩い処置になってしまった。このように藩が岩木山信仰に基づく丹後日和の習俗を港のみならず山奥にまで一気にストレートに政治的に利用し出したのは、画期的なことである。

そして長谷川論［二〇〇八、二九頁］は、これを皮切りにして『弘前藩庁日記』や各史料に丹後者の詮議が頻出するようになっているので、一七〇〇年代の前半には丹後の人と船を詮議するシステムが成立していた、と説く。

長谷川論［二〇〇八、二九頁］はさらに一七〇〇年代の前半に丹後日和の成立と展開があった理由として、尾太鉱山の鉱産が極大に達して他国者が津軽領に入り込んだことと、藩の移出入体制の根幹をなす九浦制度が抜け荷の横行によって崩壊しかかっていたことも挙げている。九浦とは、深浦・鰺ヶ沢・十三《とさ》・今別・蟹田・青森の各湊と、大間越《おおまごし》・碇ヶ関《いかりせき》・野内《のない》の各関所の総称である。

『津軽見聞記』の丹後日和　次に、『津軽見聞記』［筆者不詳（関西の商人）、宝暦八（一七五八）］の宝暦八年（一七五八）の事例を挙げる。引用する本文は、『津軽見聞記』［青森県立図書館、一九三〇、一三・一四頁］による。なお読みやすくするため、筆者が本文に句読点を付した。

津輕の海、不時に大あれすることあり。是を所にて丹後日和といふ。丹後出生の船人此所（註＝鰺ヶ沢湊）へ來れば、岩城《いわき》權現忌たまひて、海上不時の大あれする。此時は其湊々の役人より問屋〱を悉く吟味して、急其者を尋るに、果して丹後生れの者あり。とらへて追放つときは、海上忽に静なり。

此岩城權現は安壽の姫を祭しなりといふ。時はいにしへの山荘太夫か恨今に殘り有やらん。

當春三月より四月に至て度々大あれありしは、件のごとく吟味ありしに、深浦にて丹後生の水主をとらへ、追はなちて、日和のなおりし事、再三におよひたり。

ここでは関西の商人の目を通して、丹後日和の状況が活写されている。すなわち、岩木山権現＝安寿の由来譚が語る丹後日和に基づいて、役人が丹後船を探索し、領外に追放したところ、いわれるように日和が直った。そういうことが、再三あったという。

藩のお触れ　そして『弘前藩庁日記』の天明四年（一七八四）九月十二日の条によると、およそ次のような「覚」（お触れ）が御目付や九浦町奉行に申し渡されている。

この頃、天気が長らく悪い。丹後者が入国しているだろう。それらしい者がいたら、直ぐに追い返すように。また諸勧進の者や芝居役者なども十分に吟味して、家中の者、寺社、在町もれなく調べるように。

このようなお触れを受け、土地の人も役人たちも一層丹後の船や人に領外退去を迫り、同時によそ者（流れ者）の吟味もした。

これと同様のお触れは幕末に近づくと頻発され、例えば文政八年（一八二八）八月五日、天保三年（一八三二）七月四日、天保四年（一八三三）六月十八日、同年（一八三三）八月四日、安政五年（一八五八）五月二十四日などにも発令されている。

『東遊雑記』の丹後日和　前述した『東遊雑記』［古川古松軒《ふるかわこしょうけん》、一七八八］は、岩木山権現由来譚に引き続き、およそ次のような丹後日和の実例を記している。

幕府の巡見使が江戸を出発する前に弘前八代藩主の信明《のぶあきら》の使者が三人の巡見使を訪れ、御家来衆のなかに丹後出生の人がいたら津軽に連れて来ないでほしい、と申し入れた。巡見使の一人の川口久助の家来に丹後産まれがいたので、供から除いた。「これを聞きて、妄説なれども大勢の手なしと、是非もなきことなり」。

藩によって敷かれた丹後日和のシステムはよほど強固らしく、弘前藩主は幕府の派遣する巡見使に高姿勢で臨んでいる。この記録によれば、結局は幕府の高級武士すら一つの藩の仕来りである丹後日和に従わざるを得なかった。

『津軽編覧日記』　幕府の巡見使にまつわる丹後日和のもう一つの顛末が、官選史書の『津軽編覧日記』［木立守貞、寛政五年（一七九三）］の享保二年（一七一七）六月九日の条に次のように記されている。

一、六月九日御順（巡、以下同じ）見使碇ケ関《江》御着被成、同十日弘前、（中略）

一、三番　高七百石　高城孫四郎　家老　高橋友右衛門　用人　嘉渡平太夫　小姓・右筆・足軽ともに上下弐拾八人なり、
此節順見使御三人之内高城孫四郎様丹後国御生れ之由、津軽鎮守岩木山は丹後之国生れ之者忌嫌之由ニ付、御同人御国境ニ而垢離精進を被成、御国入罷成候由、御国廻り之内天気快晴ニ候得共、岩木山は始終曇り、御山形不顕、御許し不被成、
松前より青森へ御帰帆之節孫四郎様御船少々流れ、外御船より遅く御帰船、御廻中至而御恐れ御慎之由伝承候、

碇ケ関に着いた三人の巡見使のうちの一人が、丹後産まれの高城孫四郎だった。彼は殊の外岩木山を恐れ、津軽に着くや否や垢離精進をした。しかるに、津軽領を回国する間中、津軽の天気は始終晴れていたのに、岩木山が曇ってその姿を見せなかった。岩木山の神は、彼のことをお許しになっていなかった。

また一行が松前から青森に帰帆する時、高城の乗った船が少し流されて遅く着岸した。高城はこの時以降の津軽領回国中も、至って恐れ謹んだ様子だった、という。

こうしてみると、高城は岩木山権現＝安寿をめぐる丹後日和のタブーをよく知っていて脅えており、そのタブーは的中していた。

しかし長谷川論［二〇〇八、二七・二八頁］によると、高城家の本貫地や高城孫四郎の生地は、丹後国とまったく無縁で、この書の記事は俄に信じがたいという。そして『東遊雑記』の丹後日和の記事にかかわる錯誤だろう、と推定している。

史実の伝承化　巡見使が津軽に来たのが一七一七年であり、『津軽編覧日記』が成立したのが一七九三年なので、その間に七十六年の開きがある。その間に、史実が丹後日和の考え方で誇張されて伝承化されたのかもしれない。すなわち、ここには典型的な史実の伝承化が見られよう。一七〇〇年代前半に敷かれた丹後日和の政治システム

はよほど強化され、藩の正史『津軽編覧日記』が成立した一七九三年の頃には一七一七年の史実すら丹後日和によって染め上げられ、それがこの歴史書に反映されていよう。

さらに伝承化が進んだ『山形日記』　この点、『青森縣史（二）』［青森県、一九七一、三九九頁］が収める『山形日記』［山形長年］の享保二年（一七一七）六月九日の条も、『津軽編覧日記』とほぼ同じことを述べながら、さらに伝承化が進んでいる。読みやすくするために、ここでも筆者が本文に句読点を付した。

高木孫四郎殿生丹後之由ニテ、殊之外岩木山ヲ恐レ、御國着與候哉、垢離精進被致候由。天氣始終晴候得共、岩木山計リハ曇リ、一向御山不顯候。御巡見使ハ岩木山ヲ始終見居申候。

津軽の天気は始終晴れていたのに、岩木山だけが曇ってその姿を少しも顕さなかった。そのことを津軽の国情視察を使命にした巡見使一行はひどく気にして、始終岩木山ばかり見ていたという。ここでは丹後日和のタブーがさらに強調され、いささか滑稽ですらある。そして孫四郎の姓も、高城から高木に変わっている。

『東遊記』の丹後日和　また『東遊記』［橘南谿《たちばななんけい》、一七九五］巻之三「丹後《たんご》の人《ひと》」の条は、著者の見聞として次のように記している。

奥州《おうしゅう》津軽《つがる》の外《そと》が浜《はま》に在《あ》りし比《ころ》、所の役人《やくにん》より、「丹後《たんご》の人は居《い》ずや」と、頻《しき》りに吟味《ぎんみ》せし事あり。「いかなるゆえぞ」と尋《たず》ぬるに、津軽《つがる》の岩城山《いわきやま》の神《かみ》甚《はなは》だ丹後の人を忌嫌《いみきら》う、もし忍《しの》びても丹後の人此地に入る時は、天気《てんき》大《おお》きに損《そん》じて風雨《ふうう》打続《うちつづ》き、船《ふね》の出入無く、津軽領甚だ難儀《なんぎ》に及《およ》ぶと也。余《よ》が遊《あそ》びし頃《ころ》も打続《うちつづ》き風《かぜ》悪《あ》しかりければ、丹後の人の入りて居《い》るにやと吟味《ぎんみ》せしこととぞ。天気《てんき》あしければいつにても役人よりきびしく吟《ぎん》味《み》して、もし入込《いりこ》み居《い》る時は、急《きゅう》に送《おく》り出《い》だす事也。丹後の人津軽領《つがるりょう》の界《さかい》を出ずれば、天気《てんき》たちまち晴《は》れて、風静《かぜしず》かに成《な》る也。土俗《どぞく》のいいならわしにて忌嫌《いみきら》うのみならず、役人よりも毎度《まいど》改《あらた》むる事也。珍《めず》らしき事也。青森、三馬屋《みうまや》、そのほか外《そと》が浜通《はまどお》り、港々《みなとみなと》最《もっとも》甚だ敷《しく》丹後の人を忌嫌《いみきら》う。あまりあやしければ、「いかなるわけの有りて、かくはいう事ぞ」と委敷《くわしく》尋《たずね》問《と》うに、当国《とうごく》岩城《いわき》山の神と云《い》うは、安寿姫《あんじゅひめ》出生の地《ち》なればとて、安寿姫を祭《まつ》る。此姫《ひめ》は丹後の国にさまよいて、三庄太夫《さんしょうたゆう》にくるしめられしゆえ、今に至り其国の人といえば忌嫌《いみきら》いて風雨《ふうう》を起《お》こし、岩城の神荒《あれ》給うと也。外が浜通り九十里余《よ》、皆多《みなおお》くは漁猟《ぎょりょう》又は船の通行《つうこう》にて世渡《よわた》ることなれば、常々《つねづね》最《もっとも》順風《じゅんぷう》を願《ねが》う。然るに差《さし》当《あた》りたる天気にさわりあることなれば、一国こぞって丹後の人を忌嫌う事にはなりぬ。此説隣境《せつりんきょう》にも及びて、松前《まつまえ》、南部等《なんぶとう》にても、湊々《みなとみなと》にては多くは丹後人を忌《い》みて送り出《だ》す事也。かばかり人の恨《うらみ》は深《ふか》きものにや。

ここでも、丹後国の三庄太夫（山椒太夫）が安寿を迫害したことに基づく「土俗のいいならわし」を根拠にして民間人が丹後人を忌み嫌い、さらに役人も厳しく人改めをしている。そして、この丹後日和の仕来りが松前・南部の湊々にも及ぶ、と述べている。

「外浜奇勝」の丹後船　また「外浜奇勝」［菅江真澄、一七九八］六月十六日の条は、次のように述べている。

十六日　丹後船やらん、このころうちつゞく雨、たゞならぬ空などさたして、こゝら泊したるふねのこりなう、かぢとり、ふなをさ、みな神のひろまへに集めて、いはき山の牛王宝印をのませて、たんごのくにのものし、わきて由良のみなとべの人をいみ給ふいはきの神なれば、さる国うどはあらざるよしのうけひぶみにに《（ママ）》、みな、つまじるし（爪印）をぞしたりける。

丹後船だろうか、この頃雨が降り続く異常天候だと沙汰して、深浦にいた楫取りや船長を残りなく神社の前に集め、岩木山の牛王宝印《ごおうほういん》を飲ませた。そして、岩木山の神が丹後人、殊に由良の湊の人を忌むので、その丹後人でない由の誓約文に爪印《つまじるし》を押させたという。

岩木山の牛王宝印《ごおうほういん》とは、安寿姫を祭神にする百沢寺《ひゃくたくじ》の発行した護符である。現在でも岩木山《いわきやま》神社拝殿（旧百沢寺《ひゃくたくじ》大堂）で行われる正月七日の修正会《しゅしょうえ》（七日堂《なぬかどう》）で、御宝印神事を行っている。この護符を飲み、誓約文に爪印も押しているので、この誓いに反したら直ちに安寿姫の祟りを蒙るということだろう。

この丹後日和に基づく厳しい船改め・人改めも、一人の老漁師ができることではなかろう。百沢寺と連携した藩の役人、あるいはその役人の意向を受けた港の係が、百沢寺の発行する護符を携え、神社の境内で吟味をしたろう。

『岩木山考』　また『岩木山考』は、丹後日和を次のように記している。この書は著者・成立年代が共に不詳であるものの、『岩木山信仰史』〔小館衷三、一九七五、一九四頁〕によると大方は『岩木山縁起』〔土岐貞範、一八一二〕と同系統であるという。

丹後の国の人が津軽へ入る時は、必ず風雨が不順になる。また岩木山に登山する者は、丹後織縞《おりじま》を必ず身に着けない。もしこれを犯すと害がある。また由良湊千金長者という浄瑠璃を謡うことも、必ず禁じている。

この浄瑠璃は、丹後の国の三庄太夫のことや安寿と津志王のことを題材にしている。

ここでは丹後人を忌むのみならず、丹後日和がさらに肥大化して丹後人にかかわる瑣末な禁忌まで生じている。すなわち、岩木山に登る者が丹後産の織物を着ると身を害すといい、浄瑠璃の〈由良湊千金長者〉の上演も禁じている。この浄瑠璃は説経節〈山椒太夫〉と同材で、〈由良湊千軒長者《ゆらのみなとせんげんちょうじゃ》〉（竹田小出雲・二歩軒・近松半二・北窓後一・竹本三郎兵衛・三好松洛、一七六一）が正しい外題《げだい》である。この演目を演じないことで、安寿と津志王の怒りを招かないようにしているようである。

してみると、浄瑠璃の〈由良湊千軒長者〉を演じかねない人物とは、一七八四年に布告されたお触れの中で丹後日和の吟味の対象になった「勧進の者・芝居役者」だったことに気づく。

4　津軽以外の丹後日和

松前の丹後日和　前述した『東遊記』は、丹後日和の仕来りは松前・南部の湊々にも及ぶ、と記している。そこで次に、津軽以外の丹後日和を見てみよう。

松前の丹後日和については、「引札の配札圏からみた岩木山信仰」[小山隆秀、二〇一〇、四七頁]が次のように確認している。天保年間(一八三〇~一八四三)の松前では、岩木山の神になった安寿姫をいじめた丹後人が来ると、岩木山が怒って天候が荒れるという津軽の丹後日和を信じており、松前藩の役人が宿改めに利用していた。

なお南部の丹後日和については、今のところ知るところがない。

亀田の振動雷電　また『筆満可勢《ふでまかせ》』[藤原衆秀]の文政十二年(一八二九)九月晦日の条によると、出羽国の二万石の亀田《かめた》領(現秋田県由利本荘市)に入った江戸の富本節《とみもとぶし》の芸人・繁太夫が、浄瑠璃の〈山庄太夫《さんしょうだゆう》〉の上演を禁じられている。それは、ここの領主である岩城伊豫守の先祖が岩城判官なので、浄瑠璃の〈山庄太夫〉を語ると忽ち「振動雷電」(天変地異)して荒れるからだという。この繁太夫も、いわゆる丹後日和の吟味の対象にされた「勧進の者・芝居役者」だった。

前述した津軽の『岩木山考』の浄瑠璃〈由良湊千軒長者〉の上演禁止やそれ以前の丹後日和の伝承を参照すると、亀田での山椒太夫がらみのタブーは浄瑠璃〈山椒太夫〉の上演禁止だけではなかったろう。岩城判官の妻とその子(安寿と厨子王)になした山椒太夫たちの仕打ちは、丹後船に対する判官の怒りを誘発するだろうから、丹後船・丹後人が入国した時も判官が怒り、「振動雷電」(天変地異)を起こしたはずである。そして役人が、その原因の排除(丹後の船と人の退去)にむけて立ち働いただろう。

播磨船　丹後船とはいわないけれども、これと同種の「播磨船《はりまぶね》」の習俗が、出羽国の能代《のしろ》(現秋田県能代市)にある。「雪《ゆき》の道奥雪《みちおくゆき》の出羽路《いでわじ》」(菅江真澄)の享和元年(一八〇一)十一月十六日の条は、次のように記している。それ近い時代、能代の遊女が播磨国妻鹿《めが》の水主《かこ》に播磨に連れて行くと騙され、殺されて水門に捨てられた。それ以来海が荒れ、大小の船が遭難したという。今でも播磨船が泊すれば風がないのに浪がやたらに立ち、鰐(鮫)も集まってくる。また理由もなく水門が塞がり、異国の船が入れなかった。

そこで、遊女の魂が荒れているとして祀った。それでも海が荒れ、水門が塞がれば、問丸、浦の責任者が播磨船を追い払えと厳しく探し求めている。これは津軽の丹後船と同じである。

直江津の丹後船　また『山椒太夫伝説の研究』［酒向伸行、一九九二、一九〇～一九二頁］によると、越後国の直江津《なおえつ》周辺（茶屋ケ原）に〈山椒太夫〉がらみで丹後人に怨念を抱く乳母《うば》の「うばたき」（宇和竹）を祀る乳母《うば》嶽《たき》神社があり、丹後船が直江津に来るとこの神が波風を荒くして遭難させたという。そして、そのことを「丹後船」と称している。その由来譚は、およそ次のように語る。

安寿と厨子王の乳母《うば》の「うばたき」（宇和竹）が山岡太夫の人買い船に乗せられると、彼女はすぐに入水自殺をした。そして直ちに大蛇に変身して、山岡太夫の船を沈めて復讐を遂げた。

松前・南部・秋田・越後にも及ぶ丹後日和　こうしてみると丹後日和あるいはそのバリアントは、松前・南部・秋田・越後にも及んでいる。博捜してみれば、日本海沿岸の国々にはさらに丹後日和の習俗があった、と予想される。

5　百沢寺の語り

百沢寺の語り　安寿と厨子王の苦難に基づいた丹後日和《たんごびより》の由来を語る津軽の岩木山権現由来譚は、もとより岩木山権現＝安寿を祀る百沢寺《ひゃくたくじ》（現岩木山《いわきやま》神社）の語りである。

岩木山信仰と弘前藩の連携　百沢寺は高照《たかてる》神社と並んで岩木山信仰の中心にあり、弘前藩から四〇〇石の寺領を与えられた真言宗の祈祷寺である。そして、岩木山の神は山上の奥宮に鎮座するとともに、里の百沢の下居宮《おりいのみや》にも鎮座し、百沢寺がこれらの宮を包摂している。すなわち、仏は神の権現（この世の仮の姿）であり、権現（神）が主、仏が従という神仏習合の体裁をとっている。

一統志によると、初代藩主の津軽為信《ためのぶ》の津軽統一には、岩木山の二体の鬼神（曼字《まんじ》・錫杖《しゃくじょう》と称する）が絶大な助力をしている。そしてこの鬼神の夢告に従って簱印《はたじるし》に卍（曼字）、馬印に錫杖を用いると、勝利を得て津軽を統一し、大名になったという。その岩木山の鬼神に報恩しようとしたらしく、為信は百沢寺の大堂《だいどう》（現拝殿）の建立に慶長八年（一六〇三）に着手している。『山椒太夫伝説の研究』［酒向、九五頁］によると、為信の保護によって百沢寺の大堂が建立された慶長年間に、岩木山信仰が津軽一円に一気に拡大し、岩木山登拝（八月のお山参詣）が弘前藩の領内に限定されるようになったという。正にそのとおりで、慧眼というべきだろう。

またそれに次いで二代藩主の信牧《のぶひら》が、百沢寺の山門を寛永五年（一六二八）に造営している。そして本尊の十一面観音、五百羅漢を寄進している。

後世、その羅漢に交えて安寿と厨子王の像も祀っている。その後、明治初期の神仏分離に遇い、現在はこれらを弘前市の長勝寺に祀っている。

この安寿と厨子王の像について、『岩木山信仰史』［小館、五頁］は、二代目藩主の信牧が五百羅漢と共に収めた、と述べている。しかし福田論［二〇〇九、四三七頁］は、これでは説経節〈山椒太夫〉が流入する以前に安寿と厨子王の像が祀られたことになり、無理な推測だという。そして四代目藩主の信政の治世下の一七〇〇年代に入り、〈山椒太夫〉と岩木山信仰が習合された頃、すなわち岩木山権現由来譚が生成した頃にこの姉弟の像を収めたろうという。

また三代藩主の信義《のぶよし》は、大堂を修覆し、御宮殿を整備している。

そして四代藩主の信政《のぶまさ》は、本殿および全堂を修覆している。

『民間巫者信仰の研究』［池上良正、一九九九、一四三〜一五六頁］によると、この為信にはじまる弘前藩と岩木山信仰の連携は、近世の岩木山が藩主家の鎮守になって行く過程だった。

山王権現に祀られる厨子王　また、『永禄日記』［北畠氏の子孫・山崎氏が一五五八〜一七七八年までの事績を記した家記］の元禄十年（一六九七）八月十六日の条によると、次のように弘前の禰宜《ねぎ》町に山王権現《さんのうごんげん》の社殿を建て、厨子王が鎮座したという。この時の藩主は、四代目の信政である。

弘前禰宜町之東田之中ニ大木一本有之、此処ニ山王権現之御堂三月より御初メ、七月迄ニ有増出来仕候得共、檜皮調い不申故、屋根葺兼申候。然共権現様御宮入御移り被成度由ニ而、時々出廻り被成候由、八月十六日御堂入御座候。是ハ岩木山権現様之御弟ニ津塩丸と申奉ル。

禰宜町の東田に大木が一本ある。ここに山王権現の御堂が三月から着工されている。しかし檜皮《ひわだ》が調達できず、屋根葺きに苦労した。権現様は早くお宮に入りたいとて時々出歩き、ようやく今日（八月十六日）お移りになった。この山王権現は岩木山権現（安寿）の弟で、津塩丸（厨子王丸）と申し上げる、とある。

『奥富士物語』［今通暦、一七六五、四代藩主・信政時代の事績を記した書］巻七も、これとほぼ同じことを次のように記している。

今田茂木町山王權現は、中昔より八幡宮境内熊野宮に奉安置之處、元祿八九年之頃御堂より御出させ給ふ御事度々と也。同九子年夏之頃夜の内江既に三度に及出現有を、最勝院枕上に立せ　神宣有らせらるゝとかや。仍而最勝院即始終之御儀及言上に候処、御神事被奏猶も於五山に御祈禱被仰出と也。然而翌十丑年三月より宮所を八幡宮之南今の頃、其頃田の中に大木之田茂木之間之此處に御堂建立、則七月廿一日下遷宮有て八月迄に檜皮葺に御屋根迄御出来にて、同十六日御堂入上遷宮（中略）世俗に祭神は鎮守神弟知志王丸奉勸請と爾云。（中略）右御堂入之日貴賤群集之参詣、殊に神事には鹿之舞又操の役者共参り踊興業有之、旁々近年之賑ひと記録して有、

田茂木《たもぎ》町の山王大権現は、中昔から八幡宮境内の熊野宮に鎮座していた。これが元禄八・九年頃に、御堂から度々出御していた。元禄九年の夏には夜間に三度ほど出現し、最勝院の枕上に立って神託を下した。それでこれを藩に言上すると、真言五山で神事・祈祷をすることになった。そしてさらに、大木のタモの木のある所に新し

い御堂も建てることになった。そして翌十年の七月二十一日に下遷宮があり、八月十六日に上遷宮があった。この山王大権現は、津軽の鎮守である岩木山権現（安寿）の弟・知志王丸（厨子王丸）である。その御堂入りは華やかで、貴賎が群集して参詣し、「鹿之舞」＝獅子踊や操り人形の興業もあって、近年にない大層な賑わいだった、という。

最勝院《さいしょういん》は藩の真言五山を統括する高い格式をもつ寺で、藩から三〇〇石の寺領を与えられている。そして、これと同じ真言五山の百沢寺で祀る岩木山権現（安寿）の弟の厨子王がこの最勝院に神託を下して、新しい御堂の造営まで藩に求めていた。

そうだとすると、この山王権現＝厨子王の神威は、百沢寺が管理する岩木山権現由来譚に基づいているだろう。そうすれば岩木山権現（安寿）由来譚は、少なくとも元禄十年（一六九七）までに成立していなければならない。

安寿と厨子王による危難の回避　このような岩木山権現＝安寿と連動して厨子王を山王権現に祀る動きは、一体どのような社会状況の下にあったのだろうか。この遷宮の前の二年間（元禄八・九）は元禄の大飢饉といわれ、十万人ともいわれる夥しい餓死者を出している。とすると『お岩木様一代記』［坂口昌明、二〇一〇、一二二頁］が説くように、その大飢饉の最中に山王社が強訴し、藩の支持を受けて遷宮を行っていることになる。それは飢饉による社会不安を、山王権現＝厨子王の神威によって乗り越えようとしているかのようである。

そして前述したように山王権現＝厨子王の神威は、厨子王が岩木山権現に祀り上げた安寿に発しているとしか考えられない。岩木山権現由来譚によると、丹後人の山椒太夫に虐待された安寿は、丹後の船と人にただならぬ怨念を抱いている。それで安寿は丹後の船と人の存在を鋭く感知して怒り、天変地異（天候不順）を起こして領民にその存在を知らせ、それらに祟ろうとしている。

そうだとすると元禄の大飢饉の原因は、丹後船が津軽領に入っていることに発しており、丹後船をとても忌み嫌う岩木山権現＝安寿の神意を汲んで丹後船を退去させることで天候不順を解消し、飢饉などの危難を回避しうる。百沢寺がこのように元禄の大飢饉の時に唱え始めても、おかしくない。

山王権現の遷宮が八月十六日の送り盆に行われたのは、夥しい餓死者を供養するとともに、これを機に安寿と厨子王の神威によってこれからの津軽の危難を回避することを宣言しているに等しいのではなかろうか。すなわち真言五山のうち百沢寺と最勝院は連携し、元禄の大飢饉という社会不安に乗じて、安寿と厨子王の由来譚を語り、その神威を喧伝した、と考えられる。

盆行事と獅子踊　八月十六日の送り盆に踊られている「鹿之舞」＝獅子踊は、いわゆる墓獅子である。『青森県史―民俗編　資料　津軽―』［二〇一四、三五五頁］の「三匹獅子踊」の項が述べるように、津軽の獅子踊が年中行事として演じられる機会として多いのは盆の先祖供養であり、神社・寺・墓などで踊られている。厨子王の御堂入りが二年間にわたる大飢饉の翌年の盆に執り行われ、この時に「鹿之舞」＝「獅子舞」を奉納しているのは、従来の先祖供養はもとより、その主眼は夥しい餓死者・新仏《にいぼとけ》の供養にあったろう。このように厨子王の御堂入りと餓死者の供養が、連動している。

してみると、元禄の大飢饉と山王権現（厨子王）と岩木山権現（安寿）の緊密な関係がさらに浮き彫りになる。

厨子王が岩木山権現にならない背景　安寿は物語の途中で死亡しているものの、苦難を乗り切った厨子王によって報復もなされて大団円を迎えているので、厨子王も岩木山の権現になっていいはずである。そして確かに「楚堵賀浜風」や『東遊雑記』にあるように姉弟が共に岩木山権現になったという説もあった。しかしその説は主流になっていない。

厨子王が岩木山の祭神になっていないのは、なぜだろうか。まず〈山椒太夫〉では、責め殺された安寿が金焼《かなやき》地蔵として示現し祀られているので、それを踏襲して安寿が岩木山の権現として示現し祀られた、と考えられる。また三姉妹の神座争い譚に見られるように、山神は女神だという民間に深く根差した考え方にもよるだろう。そして何よりも、丹後人への強烈な怨念を背景にした絶大な神威によって、安寿は権現に祀り上げられたろう。

そこでその姉の犠牲のお陰で立身出世した厨子王は、安寿を岩木山の神に祀り上げる役を担ったろう。こうして脇役に回った厨子王は、その見返りとして元禄十年（一六九七）に公儀によって建造された立派な社殿に山王権現として収まったのではなかろうか。

説経節〈山椒太夫〉の興業　『お岩木様一代記』［坂口、一二二頁］は、八月十六日の山王権現遷宮の時に「操《あやつり》」の興業があったことに注目し、それが説経節〈山椒太夫〉の公演だったろう、と推定している。

当時最盛期を誇っていた人気曲〈山椒太夫〉を岩木山権現の由来にそっくり読み替え、最後に丹後日和の由来にすれば、それは山王権現＝厨子王によって岩木山権現に祀り上げられた安寿の神威を誇示することになる。こうして操り人形を伴った本格的な説経節〈山椒太夫〉＝岩木山権現由来譚の公演は大評判を取り、その由来譚は領内に流布したろう。この送り盆の日の公演を岩木山麓の百沢寺の境内で行わず、御城下の山王権現＝厨子王の遷宮で行ったのは、群集した貴賤の参詣人を通じて岩木山権現由来譚を領内に効果的に広げることをねらってのことだろう。

この操り人形を伴った説経節〈山椒太夫〉＝岩木山権現（安寿）由来の興業は、おそらく中央（上方あるいは江戸）から太夫などの演者を招いてのことだったろうから、詞章の変更も最小限のもので、安寿が岩木山権現になったことと丹後日和の由来を最後に付け加える程度のものだったろう。こうして岩木山権現（安寿）由来譚は、結句ほとんど説経節〈山椒太夫〉の翻案になったろう。

なお、公儀の寺社により元禄期（一六九七年）の説経節〈山椒太夫〉の興業は、流れ芸人による近世後期（一八〇〇年代）の同じ興業を禁じることと真逆のあり方をしている。この両者の間には一世紀ほどの隔たりがあり、右の事実はこの間に丹後日和が変容していることを示していよう。

百沢寺の権威　このように、元禄年間に生成した岩木山権現由来譚の背景には、元禄の大飢饉があったろう。こうして主として百沢寺《ひゃくたくじ》は、岩木山権現＝安寿の神威を用いて弘前藩という政治権力と強力に連携し、その権勢を誇示している。そしてこれに連動して厨子王が山王権現と習合したのも、この元禄の大飢饉の折のことだろう。

そうであればこそ、百沢寺は津軽一円に及ぶ丹後日和《たんごびより》の習俗を管理してその効用を大々的に喧伝できた。また、その岩木山の神威を主題にして寺側の語った権現由来譚の二神（安寿と厨子王）の像をこの元禄の頃に山門に祀りえ、厨子王を山王権現として新しい御堂に祀りえた。そして、岩木山権現由来譚の丹後日和を根拠にして老漁師が丹後船を領外に退去させられ、これが次第に政策化されて役人まで動員して丹後船や丹後人を探索しえ、丹後人の入国を徹底的に禁止できた。

公儀の寺社の唱導文芸　このように岩木山権現由来譚は、政治権力と結びついた真言系の寺社の男性の語り・唱導文芸である。このことは、その主人公が事実上男性の津志王（厨子王）であり、その主題が社会の支配・被支配の関係に基づく立身出世と復讐にあることと深くかかわっているだろう。

三　二つ目の丹後日和の由来

1　二つ目の丹後日和の由来

花和可麿の活躍　丹後日和の由来譚には、もう一種類ある。それは、『岩木山縁起』［土岐貞範、一八一一］に記す次のような伝承である。筆者の土岐は、弘前藩校の稽古館祭主（館長に相当）である。

村上天皇の御世、丹後国の由良港の海賊が、国安珠《くにやすのたま》を奪って逃亡した。花輪《はなわ》郡司の息子の花和可麿《はなわかまろ》は容顔絶美なので女子に扮装して由良港に潜入し、艱難辛苦の末にこの宝珠を奪い返した。

そのために、丹後の者が津軽の領内に入ると必ず天候が荒れる。また岩木山に登山する者が丹後産の綿帛を着ると、必ず身に害が及ぶ。これは神が忌み嫌っているからである。

花和可《はなわか》の住む所は花輪《はなわ》と名付けられ、今それが郡名になっている。

この花和可麿（花若とも）は、既に一統志（一七三一）の附巻にある「岩木山縁起」に登場する「篠原の国司花の長者の御子花若麿」の後身である。この「花若麿」は都から下ってきた英雄で、岩木山の鬼神を討伐している。そしてこの花若麿の岩木山の鬼神討伐によって、岩木山のある地を「花輪郡と名附け伝ふる也」とある。

高照神社の祭主の男子の活躍　この『岩木山縁起』と同類の伝承として、津軽の伝承と地誌を記す『津輕合浦の濫觴　附鯨国之記』［一八六二］の「岩木山之始元」の項が引用した「東日流《つがる》海滄記」の伝承がある。またこれとほぼ同じ伝承が、『郷土史料異聞珍談』［福士貞蔵、一九五六、一〇・一一頁］が引用する『東日流物語』にもある。

かつて国安瓊《くにやすのたま》という宝珠が、高照《たかてる》神社の宝物として納められていた。宇多天皇の御宇に、それが海賊に盗み取られて行方知れずになった。年経て後、祭主の男子が自ら女の姿になって珠の行方を尋ね歩き、丹後国の由良の湊の海賊の家に至り、漸くこの瓊のあることを知った。そこで忍び込んでこれを取り返し、本国へ帰って再び神社に納めた。

そのために丹後の人が津軽に来ると、岩木山が荒れる。

高照《たかてる》神社（霊社とも）は四代藩主の信政の墓所なので、この伝承の生成は最大限見積もっても信政の死去した宝永七年（一七一〇）以降のことである。

この高照神社は、藩から三〇〇石の社領を与えられた公儀の神社である。その社は百沢寺《ひゃくたくじ》の近くにあり、杜《もり》のなかの一本の神道によって繋がっている。この百沢寺と高照神社は鼻和郡《はなわぐん》にあり、岩木山信仰を支える両翼になっている。

国安瓊＝田光の珠　右の『岩木山縁起』ならびに『津輕合浦の濫觴　附鯨国之記』の「田光《たひか》の珠」と「岩木山之始元」の項によると、高照神社の国安瓊《くにやすのたま》（珠《たま》）は田光沼《たひかぬま》から見出した「田光《たひか》の珠」だった。そして龍飛《たっぴ》岬の沖から現れた竜女がこれを捧持して岩木山の右座に鎮座し、津軽一円の安寧をもたらす国安珠姫命《くにやすたまひめのみこと》になっている。

そしてこの岩木山の国安姫のご神体・国安瓊《くにやすのたま》が、丹後の由良《ゆら》の湊《みなと》の人に盗まれ、その瓊を取り戻したのが、容顔絶美な花輪《はなわ》（鼻和）郡司の息子の花和可麿《はなわかまろ》（花若とも）だとか、公儀の高照神社の神主の男子だとかいう。

2　高照神社の語り

記紀と地元の伝承の混交　「岩木山と花若殿・安寿姫の物語」［入間田宣夫、二〇〇八、一〇四頁］によると、竜女の国安珠姫は『古事記』や『日本書紀』の神話に登場する神々から考案された藩政期の産物だという。確かに信政は吉川神道の奥義に受けた神道家なので、彼を祀る高照《たかてる》神社の神主たちが記紀神話に想を得、これに地元の伝承も加味して国安珠姫命の伝承を唱えてもおかしくない。

その記紀神話とは、例えば山幸彦（火遠理命《ほをりのみこと》）が海神《わたつみ》の娘・豊玉毘売《とよたまびめ》を仲立ちにして塩盈珠《しほみつたま》・塩乾珠《しほふるたま》を入手したという伝承だろう。また『谷の響』［平尾魯僊、一八六〇］の冒頭にある「沼中の管弦」の伝承によると、津軽平野の田光沼《たひかぬま》で蘆《あし》の間から琵琶・和琴《わごん》・鞨鼓《かっこ》・篳篥《ひちりき》のこの世のものとも思えない楽の音が聞こえたという。『安寿』［坂口、二〇一二、一六八頁］が説くように、この田光沼の「沼中の管弦」の伝承は、龍飛岬の沖から出現した竜女の伝承とともに、津軽の竜宮伝承というべきものである。これらの記紀神話の山幸彦の竜宮伝承と津軽の竜宮伝承を融合させると、竜女の国安珠姫命の伝承が誕生するだろう。

またその国安瓊＝田光の珠を取り返す男子が絶世の美男子で女装していたというのも、『古事記』景行天皇の条で倭建命《やまとたけるのみこと》が女装して熊曾建《くまそたける》を討伐した伝承に想を得ているかもしれない。

高照神社の語り　百沢寺《ひゃくたくじ》とともに岩木山信仰を担う高照《たかてる》神社としては、百沢寺の語りと並ぶ岩木山権現由来譚がほしいところだったろう。そしてこの要請に応えたのが、岩木山の国安珠姫《くにやすたまひめ》の御神体・国安瓊《くにやすのたま》をめぐる丹後の船・人を忌避する由来譚だった。

岩木山権現＝国安珠姫命＝信政の怒り　『奥富士物語』巻一によると、信政は「鎮守岩木山権現の御再誕」といわれ、『津軽俗説選』［工藤白龍、一七九七、一三頁］の神之部、靈社神馬の条でも、信政は「岩木大権現の垂迹」といわれている。

　こうしてみると、岩木山の権現でもある信政を祀る神社が秘蔵している国安珠姫命《くにやすたまひめのみこと》のご神体・国安瓊を盗み出した丹後の由良《ゆら》の湊《みなと》の人の罪は、重大である。ご神体を盗まれた岩木山権現＝国安珠姫命＝信政の怒りは神罰として下り、その丹後の盗人の累が後世の不特定多数の丹後人《たんごびと》にも丹後日和の形で及ぶことになった。

二つ目の丹後日和の由来の成立時期　この国安珠姫が登場するのは、信政が死去してしばらく経った近世の後期あたりである。とすると、国安珠をめぐる丹後日和の由来譚の成立は、近世の後期あたりということになろう。

安寿姫＝国安珠姫　以上、近世中期の『和漢三才図会』や『津軽一統志』などが語る丹後日和の由来譚、ならびに近世後期の『岩木山縁起』などが語る丹後日和の由来譚では、安寿姫《あんじゅひめ》も国安珠姫《くにやすたまひめ》もともに丹後人を忌避している。そしてそれと同時に、姫たちに関わる男性（弟の厨子王、鼻和郡司の息子の花若麿、高照神社の神主の男子）の活躍によって、危機的な事態に対する回復と報復が図られている。この共通点から、岩木山権現の安寿姫《あんじゅひめ》は国安珠姫《くにやすたまひめ》とほぼ同一神格だ、とわかる。

二つ目の岩木山権現由来譚　となると『岩木山信仰史』［小舘、八頁］や「説経節『山椒太夫』の成立」［安野眞《あんのま》幸《さき》、一九八七、一〇一頁］が説くように、「安寿《あんじゅ》」と「安珠《あんじゅ》」の関係がわかってくる。そして二つの丹後日和由来譚の成立のずれを考慮すると、そのあり方は、岩木山権現の「安寿姫《あんじゅひめ》」が「国安珠姫《くにやすたまひめ》」に姿を変えて再生し、岩木山権現になったといえよう。「岩木山と花若殿・安寿姫の物語」［入間田、一〇四頁］も、そのように説いている。

　そうだとすると、国安珠姫は安寿姫の分身であり、花若麿や高照神社の神主の男子は厨子王の分身である。すなわち、高照神社の語る二つ目の丹後日和の由来譚は、百沢寺の語る一つ目の丹後日和の由来譚＝岩木山権現由来譚の変型・変容だといえる。

二番煎じの宿命　そして変型・二番煎じの宿命として、安寿姫の分身である国安珠姫の丹後人に対する怒り・怨念は安寿姫の比ではないので、その分だけその神威も弱いというべきである。藩の船改め・人改めでは常に安寿の怨念に基づく一つ目の岩木山権現の由来譚が持ち出されているのは、そのためだろう。

四　三つ目の丹後日和の由来

小泊の尾崎神社の伝承　以上の二つの岩木山の神にまつわる丹後日和の由来譚の他に、岩木山の神とまるで縁のない三つ目の丹後日和の由来譚が、一例だけ採録されている。その伝承は、「下北・津軽の山岳信仰」［森山泰太郎、一九八六、三三頁］の「丹後船・丹後日和」である。

北津軽郡小泊村（現中泊町小泊）の権現崎に、千丈澗という広い船泊り場がある。昔、丹後の国の船が、鶏卵をいっぱい積んでここに入って来た。ところが、権現崎の尾崎神社の神様は、鶏卵が嫌いなので罰が当った。尾崎の神様の「出ろ、出ろ」という声が、他の船にはよく聞えたので皆沖へ出た。丹後の船には聞えなかったのでそのまま停泊していると、岩が転落して来て船が沈んでしまった。近年まで船の帆柱が海中に見えていたという。丹後の船が入ると神様の怒りで海が荒れるから、沖に出ていても早く帰れと小泊の漁師たちは伝えている。（小泊村・小野専五郎）

小泊《こどまり》村の尾崎神社の神は鶏卵が嫌いなのに、丹後船が鶏卵をたくさん積んで入港した。神は他の船にむけて出港するように呼びかけたので、港の外に出た。しかし丹後船には聞こえなく、遂に転落してきた岩によって沈没させられた。

また、丹後船が入港すると神の怒りによって海が荒れるから、地元の船は早く入港するという。

丹後日和の原型　前述した岩木山の権現（安寿姫・国安珠姫）の伝承と比較すると、この小泊の尾崎神社の伝承は極めて単純である。すなわち、地域の神の信仰圏に外部の丹後船が不浄物を大量に持ち込んだので、そこの神がこれを忌避して天変地異（岩の転落と海の荒れ）を起こし、これを予兆にして住民に避難を促すとともに丹後船に祟っている。安寿のように丹後国の山椒太夫に虐待され、その報復を身内の者（厨子王）がしたわけでもなければ、神宝が丹後人に盗まれてこれを関係者（花若麿など）が取り返したわけでもない。外部から不浄なものを共同体の内部に持ち込んだために生じた危機的な状況は、直ちに共同体の神によって取り除かれている。そしてその際、神は地域住民に難が及ばないように配慮している。こうして問題は、この共同体のなかだけで解決されている。

この種の素朴な由来譚にこそ、丹後日和の原型・雛形がうかがわれる。

丹後日和の原型の継承　しかし外部者がもたらす厄介は、こういう素朴な形だけで解決するわけではない。世の中が複雑になり、侵入する外部者の本貫地にまで足を延ばさざるをえない時代がくる。そうして彷徨するのが、安寿・厨子王・花若麿などである。

しかしそれでも、この丹後日和の原型の中核は後世に継承され、岩木山の神（安寿）にまつわる丹後日和の由来でも、天変地異（山の天候の異変・海の荒れ）を起こして津軽一円の住民に丹後船の存在を予兆し、住民を愛護している。

郷之古制の背後　この種の古型を残した伝承は、津軽では今のところこの一例しかないけれども、このような伝承が津軽の沿岸の各港にあり、それらが岩木山の神（安寿）の伝承に吸収された、と想定される。

一統志（一七三二）は、天候不順が起こると老漁師が「郷之古制」（里・土地の昔からの習い）に従って入港している船を探すと、必ず丹後船がおり、岩木山権現＝安寿の由来を語ってその丹後船を去らせると晴天になる。そのことを「郷語」（里・土地のことば）で「丹後日和」という、と記している。この「郷之古制」・「郷語」の背後には、小泊《こどまり》のような共同体の神にまつわる話群があったはずで、それらがあればこそ「郷之古制」・「郷語」

たりうる。

すなわち小泊のような丹後日和の由来譚は、天候不順がある度ごとに活用されたろう。天候不順が起こると、地元の老漁師などが港に入っている丹後船を捜し出し、地元の神社の神の祟りの由来を語ってその船を去らせ、晴天を回復させていた。

この小泊の伝承は一見するとあまりささやかで見逃されやすいけれども、このように一統志（一七三一）の「郷之古制」に連続する丹後日和の古型をよく残している。すなわち丹後日和は、元禄時代以前から民間に存在していた。

播磨船の位相　この小泊に伝えられるような丹後日和の古型は、津軽では珍しい。しかし目を津軽の外に向けると、前述した事例にその類例を拾える。そしてそこにも、時代的な新旧が辿れそうである。

小泊の「丹後日和」の伝承のレベルにある典型例は、秋田の能代の「播磨船」伝承だろう。これは丹後船を播磨船に置き換えただけで、ほとんど小泊の伝承と同じレベルにある。播磨船に怨念を抱いて神になった地元の遊女が、能代港に侵入して害を与える外部者（播磨船）からその共同体の構成員を守るために、天候不順を起こして播磨船の存在を予め知らせ、播磨船に祟っている。

直江津の丹後船の位相　また越後の直江津《なおえつ》にも丹後船の伝承があり、丹後人を忌避する乳母嶽《うばたけ》神社の神（乳母《うば》の宇和竹《うわたき》）が港に入る丹後船の存在を天候不順によって地域住民に予め知らせ、丹後船に祟っている。この場合の神は生まれ育った共同体を離れて旅をし、悲劇的な最後を遂げた乳母の宇和竹《うわたき》が旅先の共同体の神に祀られ、その共同体を守護している。

このように港に祀られている神が、そこの地域住民を守るために、外から地域内部に害悪を持ち込む船の存在を予め知らせ、それに祟って排斥しようとしている。この点で、右の二例は小泊の伝承と同類である。

ただし直江津の丹後船の場合、侵入する外部者の関係する旅先で無念の死を遂げた者がその地域の神になっているので、いささか新しい時代の相を示している。この直江津の伝承は、岩木山権現になった安寿の苦難のあり方に接近している。

五　丹後日和の背景と変容

1　捨て子と人身売買の風習

丹後日和の背景　『山椒太夫伝説の研究』〔酒向、二七〇頁〕は、『岩木山縁起』などに登場する丹後の由良《ゆら》の湊《みなと》の海賊が山椒太夫を連想させることに注目している。そして「説経節系山椒太夫伝説が成立し、各地に伝播される以前に、おそらく日本海沿岸を中心として、海賊というモチーフを有する丹後由良の山椒太夫伝説が広く伝承されていた」と推測している。

この人身売買を伴いかつ海賊を連想させる山椒太夫伝説には、それなりの時代的社会的な背景があるだろう。

捨て子と人身売買の風習　そこには捨て子を拾って養育し、労働力にした中世のあり方が想定できるだろう。そのような社会の仕組みがあったので、捨て子の風習も止まなかったろう。

そしてその悪循環が一歩進むと、育て上げた捨て子を労働力として売り渡すことも生じる。イタコの語る〈お岩木様一代記〉で安寿の父が安寿を砂浜に捨てた後に、丹後船に乗せて島流しにしようとしているのも、この捨て子と人身売買の風習をよく示している。

そしてその人身売買がさらに悪質化すると、説経節〈山椒太夫〉の越後の山角太夫《やまかどだゆう》や山岡太夫《やまおかだゆう》のように、人をかどわかして「人買い船」に乗せ直ちに売り飛ばす「人売りの名人」も出てくる。

「下人の初見参」〔安野眞幸《あんのまさき》、一九八七、一四八頁〕によると、弘長元年（一二六一）の『関東新制条々』の第五十七条（禁断せしむべし人勾引ならびに人売のこと、件の輩等、本条に任せ断罪せらるべし、且つ人商《あきない》と称し其の業を専らにするの輩、鎌倉中ならびに諸国の市の間に多くもってこれ有りと云々）を引き、「鎌倉中」や「諸国の市の間」に人商人《ひとあきんど》のネットワークがあり、説経節の世界では「太夫」と名乗る人たちがそれに対応している、と述べている。

津軽の山椒太夫　そして越後のみならず、津軽にも人を売買する「三庄大夫《さんしょうだゆう》」がいた。その時代は中世どころか近世の中期で、『弘前藩庁日記』の元禄九年（一六九六）五月二十三日の条によると、津軽の三庄大夫（具体的には浜松村の惣兵衛と後潟村の七郎次郎）が人買いの罪で摘発されている。ここでの三庄大夫（山椒太夫）は、人買いの言い換えにまでなっている。この年は元禄の大飢饉の最中なので、人の売買は公然の秘密だったのかもしれない。岩木山権現由来譚が元禄の大飢饉の折に生成されたことの証左は、ここにもある。

津軽の三庄大夫にも言い分があったろう。すなわち、津軽の大飢饉にあって餓死の生き地獄をみるより、他国（今の場合、南部）に身売りをすれば、この地獄から当座は逃れられるかもしれない、というのがその言い分だったろう。これはいわゆる「盗人にも三分の理」だけれども、二年間にわたる大飢饉という事態はこの理屈にも説得力が感じられるほどに喫緊の問題だったろう。

そして彼ら人身売買をする者たちは、さらには各地の財宝を掠め盗《と》る海賊行為や抜け荷などの不法行為にも及んだろう。少なくとも、そのような風評が絶えなかったろう。

被害地域の警戒　日本海沿岸ではこの風がとくに強く、例えば説経節〈山椒太夫〉に「越後の国直井《なほい》の浦こそ、人売りがあるとの風聞なり。このこと地頭きこしめし、所詮《しょせん》宿貸す者あらば、隣三軒、罪科に行ふべきとある」ような予防策を取っている。このように人身売買の被害を受けた地域は、住民はもとより為政者も厳重に警戒したろう。そしてその悪事・海賊の拠点として、説話では奥深い入江をもつ山深い丹後の由良の湊（現京都府宮津市）が選ばれ、山椒太夫伝説の形で語られたのではなかろうか。

このように時代は遥かに進み、小泊の伝承のように丹後船が神の忌避する鶏卵を持ち込む騒動の段ではなくなった。

安寿姫と国安珠姫の忌避　こうしてみると安寿姫と国安珠姫が丹後の船と人を忌避することは、不法行為の被害を蒙った地域に共通した感情であり、同じ土壌に発しているだろう。松前・南部・秋田（亀田）・新潟（直江津）でも説経節〈山椒太夫〉がらみで丹後日和を説明するものの、その背後には人身売買を専らにする山椒太夫（丹後船・丹後人）を忌避する観念があろう。前述したように現に元禄九年（一六九六）に津軽の人買いが、丹後人の「山荘大夫」と蔑称され、摘発されている。丹後の山椒大夫（人買い）は、当代の差し迫った社会問題でもあり、決して昔の話とは限らなかった。

秋田（能代）の播磨船もこの丹後船と同じで、その背後には地元の人々を売り飛ばす播磨の船・人を忌避する観念があろう。

2　岩木山の神の予兆と祟り

異変を予兆する岩木山　この領民の緊迫した事態に対処するのが、丹後日和だった。そして津軽の場合、その背後には次の二つの発想基盤があるようである。

その一つは、岩木山が異変を予兆するという考え方である。「岩木山信仰」［宮田登、一九七〇、二八八・二八九頁］が説くように、津軽人は岩木山が津軽に起こる異変を予兆するという観念を持ち、この観念がしばしば発現している。例えば、昔から旧六月に至っても岩木山頂が曇る時は、必ず凶作だという。また『永禄日記』の元禄六年（一六九三）の条にも、岩木山噴火があって飢饉が起きている。そして『天明凶歳日記』の天明二・三年（一七八二・一七八三）の条で、岩木山の硫黄湧出が翌年の凶作の予兆だった、と述べている。

丹後船の存在を知らせる国神　こうしてみると鎮守の神・国神である岩木山権現（安寿）が、人買いの丹後船や丹後人がいることを天変地異によって住民（氏子）に知らせ、地域住民を被害から守っているはずである。その鎮守の神・国神＝岩木山権現（安寿）の知らせが「丹後日和」であり、これと同類のものが小泊《こどまり》の「丹後日和」、能代《のしろ》の「播磨船」、亀田《かめた》の「振動雷電」、直江津《なおえつ》の「丹後日和」だろう。

神域を犯した者への祟り　そして今一つは、岩木山の神域を犯した者に山神が祟るという考え方である。入ってはならない山の神域に入って山菜などを採ったりした者は、怒った山神・鬼・大人《おおひと》によって祟られている。すなわち急変する天候不順に遭遇したり、木石による攻撃を受けたり、神域外に排除されたり、連れ去られたりしている。

また、津軽領の山の「天気不正」（天候不順）を記す近世の文書（『弘前藩庁日記』など）については、「近世津軽領の「天気不正」風説に関する試論」［長谷川成一、二〇〇八］、「天気不正」［長谷川成一・小田桐睦弥、二〇一四］、「岩木山の硫黄山出火」［小田桐睦弥、二〇一四］が、およそ次のように読み解いている。岩木山の神域から湧き出す温泉に多数の人が入ったり、その温泉に食料の禽獣を持ち込んだりし、岩木山の神域で熊狩りをしたり、硫黄・石・紫根を採取したりすると、岩木山の天気が「不正」（不順）になっている。

これは岩木山に限らず、天明期（一七八一～八）の古懸《こがけ》山の巨木伐採の折も、秋田藩との藩境にある大滝股《おおたきまた》鉛山の開発の折も、天気不正の風説が流布している。そしてこれらの基本には、神域を汚す不浄の者を山神が警告・祟りの形で排除するという考え方があろうという。この捉え方は正鵠を射ているだろう。

小泊の伝承もまた、神域を汚す不浄の者を地元の神が警告・祟りの形で排除するという考え方を示す典型である。

津軽一円に及ぶ結界　そうすると、前述したように岩木山は近世初期に津軽領一円に信仰圏を一気に拡大した霊山なので、岩木山権現の神域・結界は津軽一円に及んでいるともいえる。

それを示す具体的な証左となるのが、百沢寺の引札《ひきふだ》を配布できる範囲である。すなわち百沢寺とその配下にある寺庵十坊と二つの社家は、寺社奉行の認可の下に津軽全域を分担して引札《ひきふだ》を配布している。「岩木山信仰とお山参詣」［小山隆秀、二〇一四、六四頁］によると、この引札の現物がどのようなものか不明ながら、民衆はこの札を家で祀りながら岩木山を崇敬していたという。

してみると、岩木山権現＝安寿が不浄を忌避する結界に入って領民に仇《あだ》をなす丹後の人と船は、津軽一円の者から不浄扱いを受け、岩木山権現の祟りの対象になる。こうして丹後日和が、津軽の隅々にまで徹底しただろう。

天気不正の原初型と発展型　以上から岩木山権現＝安寿の由来譚の説く丹後日和は、山神の示す予兆現象と神域を犯す不浄者への祟りという天気不正の原初型を踏まえながら、それを大きく津軽一円に拡大化させた発展型だといえよう。

これほどの信仰的な背景がなければ、丹後船・丹後人に領外退去を長らく求め続けられず、丹後人もこれを容易に受け入れはしなかったろう。

神の受難　山神の予兆・予知と祟りとしての丹後日和は、前述したように神の忌避を伴っている。そして丹後日和の由来を語る物語は、その忌避の原因を小泊《こどまり》の神の受難、安寿姫《あんじゅひめ》＝岩木山権現の受難、神体の国安瓊《くにやすのたま》を盗まれた国安珠姫《くにやすたまひめ》＝岩木山権現の受難にあるとし、それで丹後船や丹後人に祟るというように説いたのだろう。

そして、人々は予兆・祟りとしての天変地異を取り除くために、予兆・祟りの原因の排除に努めることになる。こうして不浄物を持ち込んでいる者か、人身売買をする者か、抜け荷をする者かなどの吟味がないまま、一律に丹後船・丹後人に領外退去を命じたろう。そしてさらには丹後製の衣を排除し、流れ芸人の説経節・浄瑠璃の〈山椒太夫〉の上演を禁じるという肥大化した禁忌まで考え出されたのだろう。

岩木山権現由来譚の眼目　小泊《こどまり》の丹後日和の由来譚、ならびに百沢寺《ひゃくたくじ》と高照《たかてる》神社の丹後日和の由来譚は、いずれも祭神が丹後日和に直結して語られている。してみると二つの岩木山権現の由来譚も、その眼目は丹後日和の由来を語ることにあったとわかる。

すなわち、災難をもたらす丹後の船と人から領民（氏子）を愛護できる強力な神であれば、そしてその神の絶大な威力が丹後日和の由来を誰もが納得できるように説き明かせるのであれば、その神は誰でもよかった。そして丹後への怨念という点では、安寿に並ぶ者はなかった。だからこそ、津軽はもとより津軽以外でも安寿が丹後日和の由来の主役になっていよう。

神仏の力　今から思うと丹後の船や人への領外退去命令は、随分思い切った処置だとしか思えない。しかし考え方によっては、これは無理が少ない巧みな処置だともいえそうである。すなわち、この丹後日和の由来譚によって今現在、目前にいる丹後船・丹後人を名指しで罪人扱いしないまま、例外なしに速やかに領外に退去してもらえるだろう。社会的な規制を伴う規範を神仏の名の下に行えば、角は立ちにくい。

3　丹後日和の政治的利用

社会統制　元禄の大飢饉（一六九五・六）をきっかけにして百沢寺《ひゃくたくじ》が安寿を岩木山権現に祀り上げ、それまで各港にあった丹後日和の「郷之古制」・「土俗」を一括して管理してきた。

しかるに、一七〇〇年代の前半に藩が政治的にダイレクトに介入するようになった。そして例えば『東遊雑記』［一七八八］が記すように、幕府の巡見使に対して弘前藩主が丹後者の入国を拒む要請をし、これが認められている。丹後日和はこのように幕臣すら従わせうる強力な仕来りだったので、この丹後日和を根拠にして丹後の船・人のみならず他国の船も人も容易に吟味でき、人身売買や抜け荷の防止などに大いに役立ち、為政者にとっては社会統制がしやすかった。すなわち丹後日和は、外にむかっては船改め・人改めによってよそ者の排除に機能し、内にむかっては人改めによって領民を統制し、領内の安定に大きく貢献したろう。

領内の問題の心理的な解消　しかし、このように岩木山信仰を怠りなく丹後日和によって強固にすることは、同時に領内に頻繁に生じている海上や陸上の天候不順から来る不都合を巧みに逸らすことにもなりえたろう。すなわち岩木山の天候不順は、海難事故や不漁、そして不作による飢饉に直結しやすいものだった。したがって、その天候不順そのものの理由をよそ者の丹後船や丹後人のせいにしておけば、領民に鬱屈した心情はそれなりに解消できたろう。

このことは既に、「岩木山一代記」［成田守、一九八五、四八頁］によって次のように指摘されていた。すなわち、「領内の農政の失敗をそのままにして天候不順凶作が〈丹後日和〉として代表されてしまった」と述べている。

政治的な装置・神話　こうしてみると丹後日和は、近世の政教が合体して、中世以来の丹後船や丹後人にかかわる民間伝承を利用して作り上げた、巧妙かつ強力な政治的な装置・神話かもしれない。

このことは弘前藩に限ったことではなく、松前と亀田の場合も藩という政治権力が絡んでいるので、恐らく弘前藩と同じ軌跡を辿っているだろう。

形骸化する政治的な利用　農業（米作）を機軸にした幕藩体制下にあって、ほぼ恒常的な天候不順による不作などは、為政者にとって尽きない悩ましい政治課題だったろう。そしてそれが丹後日和で解決されるなら、これほど重宝なものはなかろう。

しかし丹後日和だけでは、天候不順による不作などの改善はありえないだろう。幕末に近づくにつれ、とくに天明の大飢饉（一七八二～四）の折に丹後日和による取り締まりのお触れが多くなるのは、丹後日和に頼らざるをえない社会的な行き詰まりを示していよう。こうして丹後日和の政治的利用は、形骸化せざるをえなくなる。

六　結び

丹後日和の古型　丹後日和《たんごびより》の展開をまとめると、およそ次の三つの相を辿っていよう。

丹後日和の第一段階・古型は、港々の近くにある神社の祭神をめぐる由来譚に伴うものだった。その古型は、小泊《こどまり》の尾崎神社の神の由来譚に残されている。すなわち、地域の神の信仰圏に丹後船によって外部から不浄物を持ち込まれた時、神が住民（氏子）に避難を促す予兆（天候の不順など）を出して住民を愛護すると同時に、丹後船を忌避して天変地異（海の荒れと落盤など）を起こして祟っている。中世以来、丹後国の山椒太夫に代表される難儀（不浄物の持ち込み・人身売買・海賊行為など）が沿岸各地の港で頻発していたので、地域住民はこのように丹後船・丹後人を不浄視し、その排除（丹後船の退去）に努めた、と考えられる。

百沢寺の語る丹後日和の由来　やがて近世に入って津軽領一円を信仰圏にした百沢寺《ひゃくたくじ》は、現岩木山権現由来譚を元禄の大飢饉の折（一六九五・六）に説きはじめ、この古型の話群を吸収したようである。これが丹後日和の由来の第二段階である。

それを象徴的に示すのが『永禄日記』の元禄十年（一六九七）八月十六日の条で、大飢饉にはじまる数年越しの課題だった山王権現＝厨子王の遷宮が大飢饉の終息した年の盆で叶っている。この条から、元禄八・九年（一六九五・六）の大飢饉に見舞われた時、百沢寺と最勝院《さいしょういん》は弘前藩と連携し、当時最盛期を誇っていた説経節〈山椒太夫〉をそっくり導入して安寿と厨子王を祭神にする由来譚を語り出し、飢饉を安寿による丹後日和で解消できると唱えた、と推測できる。すなわち、丹後の船と人から虐待されて丹後に怨念を抱く安寿こそ、丹後の船と人に発する危難から津軽の領民を守護できる、と説いたろう。この百沢寺の語りは強力な磁力をもち、各港にあった丹後日和の由来譚をこれに吸収したろう。こうして岩木山権現＝安寿が、丹後日和の由来の主役になる。

一統志の「郷之古制」　そしてこの由来譚どおりに、丹後船・丹後人が領内に入ると、岩木山の神＝安寿の忌避によって天候が不順になって丹後船の存在が予兆され、領民や藩が丹後船・丹後人に領外への退去を求めている。

その初期のあり様を明記したのが、藩の正史『津軽一統志』（一七三一）の首巻の「岩木山」の項の丹後日和の由来である。すなわち、津軽領の浜の天候不順は丹後船に原因するとして、現役を退いた港の老漁師が丹後船を探し、丹後人が岩木山権現＝安寿を虐待した由来譚を説明して領外退去を求めた。すると天候が回復したという。これが「郷之古制」（里の古くからの習わし）で、このことを「郷語」（里ことば・土地のことば）で「丹後日和」というとある。この条は、百沢寺が港々にあった丹後日和の民俗信仰を吸収したレベルをよく示している。

高照神社の語る丹後日和の由来　その後、この丹後日和の由来の主役は国安珠姫《くにやすたまひめ》だともいわれるようになる。この丹後日和の由来譚は、近世の後期に語り出されている。この丹後日和の由来は、支配者層の花和可麿《はなわかまろ》あるいは公儀の高照《たかてる》神社の神主の男子が、丹後の海賊に盗まれた岩木山のご神体・国安瓊《くにやすのたま》（国安珠姫《くにやすたまひめ》の呪物）を取り返す物語を伴っている。この国安珠姫＝岩木山権現の持つべき国安瓊《くにやすのたま》を取り返す二人の男子の物語は、岩木山の権現＝安寿と厨子王の物語と同じ位相にある。

藩と寺社の連携　以上の二種類の丹後日和《たんごびより》の由来譚は、中世以来の山椒太夫に代表される難儀（不浄物の持ち込み・人身売買・海賊行為など）から地域住民を救うために起こす地元の神の天変地異を基礎にしながら、藩という権力と連携した寺社の宗教者（具体的には岩木山を祀る百沢寺や最勝院の僧侶・高照神社の神主）が祭神の岩木山権現の威力を誇示して編み出したことである。その岩木山権現とは、説経節〈山椒太夫〉を翻案した「安寿《あんじゅ》姫《ひめ》」であり、記紀の竜宮神話と地元の竜宮伝承から考案した「国安珠姫《くにやすたまひめ》」である。

以上の岩木山をめぐる寺社の伝承は、社会性を帯びた出世や報復を主題にしている。したがって安寿の難儀が、国安瓊を盗まれた国安珠姫の難儀と並んで、丹後人を恨んで忌避する丹後日和の由来にされた。またこの寺社の語りには、津軽一円を岩木山の信仰圏として束ねようとする意識が強くうかがわれる。このように、政教一致の形で岩木山権現由来譚が津軽一円の丹後日和をめぐって語られ、丹後の船・人が民間人によって領外に退去されていた。

政治権力の介入　ところが、この岩木山権現を祀る寺社の語り、とくに安寿を祭神にする百沢寺の語りは、幕藩体制が確立した当初から連携していた弘前藩から、直接的な政治的な介入を受けるようになった。すなわち丹後日和に際して役人を動員し、丹後人や丹後船を排除するのみならず、徹底した船改め・人改めによって領内の統制にも大いに利用された。これが丹後日和の第三段階である。その時期は一七〇〇年代の前半で、丹後日和は藩の政治的な問題の解決策として史書にしばしば登場する。

そしてこの丹後日和への政治的介入は、領内の安定に大きく貢献した、と考えられる。またこの藩の介入によって、丹後日和の由来を語った寺社はさらに権威を持ち出したろう。

丹後日和の形骸化　しかし天候不順による領内の不都合（不作・不漁）などが、丹後の船・人（よそ者）の責任にだけされるようにもなる。こうして丹後日和の実効性は次第に失われ、形骸化していった。

民俗信仰から政治へ　以上、中世以来の丹後日和は、地域共同体の構成員を愛護する民俗信仰に発した習俗だった。しかしこれが政治的に活用される方向に軸足を変え、大きく変容している。

引用文献・参照文献

青森県　一九七一『山形日記』『青森縣史（二）』　歴史図書社
青森県史編さん民俗部会　二〇一四『青森県史―民俗編　資料　津軽―』　青森県
青森県叢書刊行会　一九五三『津軽一統志』［弘前藩撰、一七三一］　青森県学校図書館協議会
　一九五四「天明凶歳日記」『南部・津軽藩飢饉史料』　青森県学校図書館協議会
　『奥富士物語』［今通麿、一七六五］　青森県学校図書館協議会
青森県文化財保護協会　一九五六『永禄日記』　青森県文化財保護協会
青森県立図書館編　一九三〇『津軽見聞記』［筆者未詳、一七五八］　青森県立図書館
　一九六九『谷の響』［平尾魯僊、一八六〇］　青森県立図書館
安野眞幸　一九八七「説経節『山椒太夫』の成立」『下人論―中世の異人と境界―』日本エディタースクール出版部
　「下人の初見参」『下人論―中世の異人と境界―』　日本エディタースクール出版部
池上良正　一九九九『民間巫者信仰の研究―宗教学の視点から―』　未來社
入間田宣夫　二〇〇八「岩木山と花若殿・安寿姫の物語」『真澄学』第4号　東北工芸工科大学東北文化研究センター
内田武志・宮本常一　一九九〇「楚堵賀浜風《そとがはまかぜ》」［一七八五］『菅江真澄全集　第一巻』　未來社

大藤時彦　一九七二「外浜奇勝」［一七九六・一七九八］『菅江真澄全集　第三巻』　未來社
「雪《ゆき》の道奥《みちおく》雪《ゆき》の出羽路《いでわじ》」［一八〇二］『菅江真澄全集　第三巻』　未來社
一九六四『東遊雑記』［古川古松軒、一七八八］　平凡社
小田桐睦弥　二〇一四「岩木山の硫黄山出火」『岩木山を科学する』　北方新社
小山隆秀　二〇一〇「引札の配札圏からみた岩木山信仰」『青森県立郷土館研究紀要』第34号
二〇一四「岩木山信仰とお山参詣」『岩木山を科学する』　北方新社
神野高行　一九八八『本藩濫觴実記　津軽合浦の濫觴　附鯱国之記　解読訳講』　私家版
木立守貞　一七九三『津軽編覧日記』　弘前市立図書館蔵
工藤白龍　一九五一『津軽俗説選』［一七九七］　青森県叢書刊行会
黒沢賢一　二〇〇七「安寿と厨子王伝説への誘い」『地域学　五巻』　弘前学院大学地域総合文化研究所
小館衷三　一九七五『岩木山信仰史』　北方新社
坂口昌明　二〇一〇『お岩木様一代記』　津軽書房
二〇一二『安寿―お岩木様一代記奇譚―』　ぷねうま舎
酒向伸行　一九九二『山椒太夫伝説の研究―安寿・厨子王伝承から説経節・森鴎外まで―』　名著出版
笹森建英監修　二〇〇八『津軽地区の獅子踊（舞）総覧』　青森県教育委員会
寺島良安・島田勇雄・竹島淳夫・樋口元巳訳注　一九八八『和漢三才図会9』　平凡社
土岐貞範　一八一一『岩木山縁起』　弘前市立図書館蔵　原漢文を書き下した文が『岩木山信仰史』に掲載
成田　守　一九八五「岩木山一代記」『奥浄瑠璃の研究』　桜楓社
長谷川成一　二〇〇八「近世津軽領の「天気不正」風説に関する試論」『弘前大学大学院地域社会研究科年報』5
長谷川成一・小田桐睦弥　二〇一四「「天気不正」―岩木山神社・百澤寺と丹後日和―」『岩木山を科学する』　北方新社
弘前市立図書館　『弘前藩庁日記（御国）』　弘前市立図書館
福士貞蔵　一九五六『郷土史料異聞珍談』　津軽考古学会
福田　晃　二〇〇九「イタコ祭文〈岩木山一代記〉の生成」『神語りの誕生―折口学の深化をめざす―』　三弥井書店

藤原衆秀　一九六九　『筆満可勢』［一八二九］『日本庶民生活史料集成　第三巻　探検・紀行・地誌―東國篇―』
三一書房
宗政五十緒　一九八二　『東遊記1』『東西遊記』［橘南谿、一七九五］　平凡社
宮田　登　一九七〇　「岩木山信仰」『津軽の民俗』　吉川弘文館
室木弥太郎　一九八〇　『説経集』　新潮社
森山泰太郎　一九八六　「下北・津軽の山岳伝承」『修験道の伝承文化』　名著出版
著者不明　年代不詳　『岩木山考』　弘前市立図書館蔵

執筆者・発表者

吉岡　利忠
弘前学院大学学長　聖マリアンナ医科大学客員教授　青森県県立保健大学名誉教授

高橋　和幸
弘前学院大学社会福祉学部准教授

立花　茂樹
弘前学院大学社会福祉学部講師

生島　美和
弘前学院大学文学部講師

川浪亜弥子
弘前学院大学文学部准教授

井上　諭一
弘前学院大学文学部教授

佐々木正晴
弘前学院大学文学部教授

三浦　一朗
弘前学院大学文学研究科准教授

畠山　　篤
弘前学院大学文学研究科教授

編集後記

地域総合文化研究所主事　川浪　亜弥子

弘前学院大学地域総合文化研究所の刊行物、『地域学』は平成十四（二〇〇二）年に創刊され、二〇一二年に第十号の刊行をもって一区切りを迎えた。その後、約二年間のブランクを経て、この度『地域学』の継続という形で再び刊行される運びとなった。

この二年という時間は、これまでの『地域学』はややテーマに統一性を欠くのではないかという反省点を踏まえて、これからの研究所の刊行物はいかなる形で出版したらよいのかと模索する期間であった。

正直なところ、今回の『地域学』の発刊は、決してこの問題の解決という形にはなっていないように思われる。しかしながら、これからの地域総合文化研究所の活動の様々な可能性の芽を含んだ内容になっているのではないかとも考える。ここに収められている論文は、約二年前の二〇一三年一月に開催された文学フォーラム、時宜に適ったトピックを扱った二〇一四年十一月に開催された講演会、「命の尊さ—医療・教育・福祉の立場から考える」における三つの講話、また研究所の伝統的なものである、地域に関わる内容での講演をそれぞれ文章化したものである。

これからの発展の芽を孕んだ本書を是非手に取って読んでくださり、さまざまなフィードバックを戴けたら幸甚である。

地域学　十一巻

二〇一五年三月三十一日　第一刷発行

弘前学院大学地域総合文化研究所　編集
編集代表　畠山　篤

発　行――弘前学院大学
弘前市稔町一三―一　〒036-8577

販　売――(有)北方新社
弘前市富田町五二　〒036-8173
電話〇一七二―三六―二八二一　Ⓕ三二―四五一二

印刷・製本――小野印刷所

ISBN978-4-89297-212-6